社会・政策の統計の見方と活用

データによる問題解決

久保真人 [編]

久保真人　式王美子
吉田友彦　川口　章
古田和久　三浦麻子
小野達也　武林　亨
[著]

朝倉書店

執　筆　者

久 保 真 人　同志社大学政策学部
式　　王美子　立命館大学政策科学部
吉 田 友 彦　立命館大学政策科学部
川 口　　章　同志社大学政策学部
古 田 和 久　新潟大学人文社会・教育科学系
三 浦 麻 子　関西学院大学文学部総合心理科学科
小 野 達 也　鳥取大学地域学部地域政策学科
武 林　　亨　慶應義塾大学大学院健康マネジメント研究科

（執筆順）

序

　編者は，大学で統計学の手法を学び（当時の同級生に指摘される前に熱心な学生でなかったことは告白しておくが），自らも社会調査のデータ分析などを行い，大学に職を得てからは，統計学について教える機会もあった．これまで，学ぶため，あるいは授業のテキストとして，数多くの統計学の解説書を見てきた．もちろん，お薦めしたい多くの良書があったが，ただ，どの統計学の本も，章立てや内容はおおむね決まったフォーマットで書かれていた．そこでの良書のポイントは，どれほど明快に解説されているか，学習者が誤りやすいポイントを的確にカバーできているかなど，著者の知識や経験の深さと，そしてそれをわかりやすく伝える筆の力に負うところが大きいように感じていた．

　編者自身は，統計学のユーザーではあるが，専門家ではない．統計学の解説書の編集や執筆など，今まで考えたこともなかったし，先の"良書"規準でいえば，正直，資質にも問題があるといわざるをえない．ではなぜ本書を刊行することになったのか．それは，これまで，学ぶ側にとっても，教える側にとっても，それがもっともわかりやすい順序だと何の疑問も抱かずにいた"定まった"フォーマットの別の可能性に気づいたからである．

　大学教員からGoogle社のチーフエコノミストになったハル・ヴァリアン（Hal Varian）がインタビューで語ったとされる「次の10年で魅力的（sexy）な職業になるのは統計家だ」という言葉は，すでに多くの類書やビジネス誌などで引用されている．また，ビッグデータという言葉が，新聞やテレビなどで語られる機会も多くなってきた．編者のように統計学の専門家でなくても，昨今の統計学ブームは，数多くの人がその考え方に触れるきっかけとして，とても歓迎すべきことだと感じている．なぜならば，統計学の考え方を理解することは，物事を客観的にとらえ直す姿勢につながり，エビデンスに基づいた合理的な判断をくだす資質を養うことになるからである．

　しかし，ここで大きな問題が一つある．統計学の考え方を理解するには，あの

難解な用語（有意差，自由度，……）と（多くの人にとって）苦手な数式が待ち構えているからである．近年刊行が増えている「読みやすさ」や「実用性」を謳った統計学の解説書の中には，「数式を極力省いた」とするものも多いが，ただ，基本用語の説明から始まる統計学の本を読み進めるには，かなりの根気と努力が必要であることは間違いない．

　もちろん，そのように順序立てて積み上げていく学習法を否定しているわけではない．腰を据えて学んでみようと考えている人，体系的に理解する必要のある人は，従来通りのフォーマットで学習を進めていくのがよいだろう．しかし，まずは直面する問題を考えるためのヒントを得たい人，プレゼン資料作りのために関連する統計データを早急に準備したい人など，今手元にあるデータから，とりあえずは意味のある結論を得たいと考えている人にとっては，基礎から積み上げていく統計学の本は，ある意味，まどろっこしく，また，"目的地"にたどりつく前に挫折してしまうものなのかもしれない．

　唐突なたとえで恐縮だが，あまり料理をしたことのない人が，家族の晩ご飯をつくるときに，まずは包丁さばきの基本から学び始めるだろうか．おそらく，家にある料理本と冷蔵庫の中身を見比べながら，そして，自分の腕前（意欲もあるだろう）と相談しながら，特定の料理を選択し，そのレシピに取り組むであろう．普通はそれで何とか形になるはずである．さらに，日常的に料理をつくっている人（編者も家では料理担当である）は，色々なレシピに取り組む中で，基礎から学んだことがなくても，いわゆる"料理のリテラシー"を獲得していく．

　先に述べた"別の可能性"とは，料理本のように，自分が関心をもっている問題の"料理法"をつまみ食い的に学べるような統計の入門書があってもよいのではないかという思いつきなのである．まずは，直面する問題（材料）を分析する手法の手順（レシピ）を探し，それを真似てやってみる．そうした統計学の本があれば，一冊まるごとを通読する時間のない人にも，レポートや仕事で，気軽に統計学の手法を使っていただけるのではないかと考えたのである．

　「料理と一緒にするな」というおしかりはごもっともである．確かに，レシピを間違えて，少々塩辛い料理を食べる羽目になってもがまんすればよいが，統計処理のミスから誤ったエビデンスを信じ込むことになるかもしれない．しかし，安易に統計手法を使っておかす誤りよりも，統計学の考え方を学ばずに，思い込みや"直感"と呼ばれるものに頼った判断が日常化する方が，はるかに深刻な結

果を招く可能性があるように思われる．先に述べたように，統計学の考え方の一端に触れることは，客観的な見方を学ぶ絶好の機会なのである．

このようなことを考えていたおりに，朝倉書店から，問題解決に直結した統計の入門書を企画してみませんかというお話をいただいた．以前，別の企画で仕事をさせていただいたときに，編者が，大学では，社会問題の発見と解決を教育の柱とする政策学部というところに所属していると話していたのを覚えておられたようだ．本書の企画は，こうした流れの中で生まれたのである．

ここで，本書の構成について述べておこう．本書は全4部から構成されている．第Ⅰ部では，記述統計，推測統計の考え方を無理なく理解できるようまとめてみた．一般的な入門書では，さらにページ数を割いて，関連する内容の説明を加えるところであるが，本書では，あえて第Ⅱ部以降の章を読み進めるために必要な事項の解説にとどめている．ただ，目を通していただければわかるが，扱う内容を絞ってはいるが，個々の解説については，実例をまじえながら，類書以上に丁寧な記述を心がけたつもりである．

第Ⅱ部以降の各章が本書のメインパートである．各章は，事例編と解説編に分かれている．事例編では，行政，経済，医療など社会の様々な領域の中から，問題の背景とそこから導かれるリサーチクエスチョンが提示され，統計学の手法により，問題をどこまで明らかにできるかが述べられている．本書の最も特筆すべき点は，空き屋問題やジェンダー格差などわが国が直面する社会的課題に対して，統計手法を用いてどのようにアプローチしていくかを，それぞれの分野の第一線の研究者に詳細に解説していただいたことにある．再度，料理にたとえれば，それぞれのテーマに対する一流シェフのレシピを掲載していることになる．この事例編を読むだけでも，統計学の考え方について学び，その方法を実践するための手続きを知ることができる．

問題解決に用いる統計手法とその手続きを理解したとしても，実際自分で使えるようになるには，さらにハードルを越えなければならない．解説編では，事例編で用いた統計手法についてより詳しく説明するとともに，それを使いこなすためのノウハウがまとめられている．平易な解説を心がけてはいるが，章によっては高度な内容も盛り込まれている．

最初から最後まで通読していただいてもよいが，各章はもちろん，事例編，解

説編それぞれが，完結した内容としてまとめられているので，関心をもった箇所から拾い読みしていただいても差し支えない．さらにいえば，章単位で読み進めていただいてもよいし，先に事例編だけを読み，後日，この統計手法を使いたいと思ったときに，あらためて該当する章の解説編にあたるという読み方も可能である．

　本書だけでも，社会科学の問題を統計学的にとらえ直す見方や手続きの多くを学んでいただけると編者は考えているが，しかし，本書がカバーできる範囲に限りのあることは，あらかじめお断りした方がいいかもしれない．本書には7人の先生方の章，つまり7つのレシピしか掲載していない．統計学は，ここで紹介するよりもはるかに広がりをもった学問である．むしろ，「本書では物足りない，さらに……」と考える読者がいたとすれば，編者としては望外の喜びである．

　2015年4月

久保真人

目　　次

Ⅰ．データを読む・使う—統計分析のためのオリエンテーション—

1. 統計を知る ●久保真人
1.1 問いをたてる：操作化　3
1.2 データを集める：データの意味　4
　1.2.1 尺度水準：データの種類　4
　1.2.2 データの信頼性と妥当性　5
1.3 データをまとめる：記述統計　7
　1.3.1 データを見る：グラフ化　7
　1.3.2 データをまとめる：代表値　11
1.4 部分から全体を知る：推測統計　13
　1.4.1 正規分布とは　13
　1.4.2 点推定と区間推定　17
　1.4.3 統計的検定（1）：統計的検定法の考え方　20
　1.4.4 統計的検定（2）：統計的検定法の手順　22
1.5 かかわりを見つける：データ間の関連性　25
　1.5.1 散布図と相関係数　25
　1.5.2 クロス集計（1）：質的データの関連性　27
　1.5.3 クロス集計（2）：独立性の検定　29
1.6 問いに答える：統計の力　30

Ⅱ．データから探る—探索的データ解析—

2. 海外のデータベースを使う ●式　王美子
2.1 ［事例編］新来外国人の増加と都市への影響：ロサンゼルスにおける分析
　41

- 2.1.1 日本における外国人の増加　41
- 2.1.2 外国人の滞在年数や出身国による生活状況の差異　43
- 2.1.3 海外データの活用：移民大国米国・ロサンゼルス　43
- 2.1.4 研究手法・用語の解説　44
- 2.1.5 外国人の滞在年数と生活状況　45
- 2.1.6 外国人の出身国別の生活状況　47
- 2.1.7 外国人の出身国別の都市居住の状況　48
- 2.1.8 まとめ：個票データが明らかにする詳細な都市生活の状況　52

2.2 ［解説編］海外研究の扉を開く：米国国勢調査の個票データアーカイブIPUMSの活用　54
- 2.2.1 はじめに：オンライン・個票データの利用　54
- 2.2.2 集計データと個票データ：個票データって何？　55
- 2.2.3 日本の政府統計個票データの利用：オーダーメイド集計と匿名データ　56
- 2.2.4 米国における政府統計個票データの利用　57
- 2.2.5 IPUMSの利点　58
- 2.2.6 IPUMSの個票データの概要　60
- 2.2.7 オンライン分析ツールを利用する　62
- 2.2.8 まとめ：海外のデータにアクセスしてネットワークを広げよう　64

3. マップとデータを結合する　●吉田友彦

3.1 ［事例編］空き家はどこに多いのか？：GISによる地理情報の活用　66
- 3.1.1 多様な地図サービスが身近に　66
- 3.1.2 「空き家はどこに多いのか」を考える前に　69
- 3.1.3 空き家はどこに多いのか　72

3.2 ［解説編］複雑な地理情報を整理する：分析地図の作成　76
- 3.2.1 WebGISの活用　76
- 3.2.2 GISアプリケーションと公開データの活用　80
- 3.2.3 まとめ　84

III. データで証明する―検証的データ解析―

4. 問題の原因を探る ●川口　章

4.1　［事例編］女って損？：ジェンダー格差　91
　4.1.1　「労働力調査」にみる就業率のジェンダー格差　91
　4.1.2　「賃金構造基本統計調査」にみる賃金のジェンダー格差　93
　4.1.3　「雇用均等基本調査」にみる役職者における男女の偏り　95
　4.1.4　「能力開発調査」にみる教育訓練の男女差　98
　4.1.5　まとめ：男女格差をとらえる統計データ　99
4.2　［解説編］変数間の関係から社会問題を見つけ出す：回帰分析の考え方　100
　4.2.1　単回帰分析　101
　4.2.2　重回帰分析　105
　4.2.3　相関関係と因果関係　107
　4.2.4　おわりに：回帰分析を実際に使ってみよう　107

5. 問題の時間的変化を把握する ●古田和久

5.1　［事例編］学歴の価値は低下したか？：学歴による職業格差の趨勢　110
　5.1.1　社会階層と教育研究の枠組み　110
　5.1.2　データと変数　112
　5.1.3　学歴と職業からみた社会の変容　115
　5.1.4　まとめ：統計データに基づく社会の把握　120
5.2　［解説編］社会の変化を確かめる：カテゴリカルデータの分析　122
　5.2.1　オッズとオッズ比　123
　5.2.2　対数線形モデル　126
　5.2.3　おわりに：個人内変化を扱う分析の補足　130

6. 問題の因果をモデル化する ●三浦麻子

6.1　［事例編］仕事満足度が転職志向を決める？：因果モデルの作成と検証　134

6.1.1　検証的因子分析とモデル探索　134
  6.1.2　検証的因子分析から多重指標モデルへ　139
  6.1.3　多母集団の同時分析　142
  6.1.4　まとめ：さらに広いSEMの世界を知ろう　144
 6.2　[解説編] 多くの変数（多変量）をさばく：共分散構造分析　145
  6.2.1　「現象を自在にかたる」方法論　145
  6.2.2　SEMによるモデリングの基本　147
  6.2.3　SEMを用いることの利点　149
  6.2.4　SEMを用いる際の注意点　154

IV. データから考える—統計的エビデンス—

7. 評価のものさしを作る　●小野達也
 7.1　[事例編] その政策は有効？効率的？：行政・政策の評価　163
  7.1.1　行政・政策の評価が求められる時代　163
  7.1.2　評価に登場するさまざまな統計データ　164
  7.1.3　行政・政策の評価における統計データの役割　172
 7.2　[解説編] 行政・政策を評価する：評価指標の作り方と使い方　175
  7.2.1　評価指標が業績測定型評価の主役　175
  7.2.2　評価指標の作り方　176
  7.2.3　評価指標の比べ方　179
  7.2.4　評定と評点の数字の取り扱いをめぐって　185
  7.2.5　行政・政策の評価の今後に向けて　188

8. 保健・医療の実態を把握し，比較する　●武林　亨
 8.1　[事例編] がん死亡は増えているか？：保健・医療の統計指標　190
  8.1.1　二つの死亡率　190
  8.1.2　どの要因を見るかで選ぶべき指標は変わる　192
 8.2　[解説編] 保健・医療統計の基本的な考え方：罹患率，有病率指標から関連性の指標へ　195
  8.2.1　人口静態　196

8.2.2　人口動態　197
8.2.3　罹患と有病：指標の二つの側面　199
8.2.4　関連性の指標：さまざまな要因を考える　201

索　　引　207

コラム目次
標本抽出法　31
キーコード　85
ダミー変数　108
生徒の学習到達度調査（PISA）　131
SEM ブックガイド　156
行政・政策の評価と統計のウソ　186

データを読む・使う
―統計分析のためのオリエンテーション―

　第Ⅰ部では,「データを読む・使う―統計分析のためのオリエンテーション―」と題して,統計データを活用していくうえでの基本事項を解説した.類書とは異なり,まず具体的な問題から入り,事例ベースで統計手法を解説していくのが本書の趣旨であるが,ここだけは,知識ベースでの構成となっている.ただ,一読していただければおわかりいただけるように,数式や抽象的な説明は極力抑え,具体例にそって解説していく記述を心がけている.紙数の関係もあり,統計的リテラシーを学んでもらうための,エッセンスのみの内容となっているが,統計学の本を手に取るのは初めてという人には,格好の入門編となるであろう.また,以前,統計学の入門書を読み始めて挫折した人にも,おそらく"リベンジ"していただける内容になっているものと自負している.

記述統計と推測統計

　本章は,「問いを立てる」ところから始まる.統計は問題を解決するための手段であるが,そのためには解決する問題が正しく設定されていなければならない.統計分析の手法は,正しい問いとそれが示す解決へのマップがあって,はじめて機能する.「操作化」と聞いてピンとこない人は,この箇所から読み始めていただきたい.

　問いを設定し,そのためのデータを手に入れた後,統計分析の手続きに入る.まずやるべきことは,無味乾燥な数字の列であるデータの意味を理解しなければならない　乱雑に散らかった(ように見える)データを,まず整理,整頓する必要がある.平均値を求めたり,グラフにしたりする作業がこれにあたる.「記述統計」と総称される手法である.なじみのある統計手法であるが,十分理解せず

に使っていると思わぬ落とし穴がある．よく使われる手法に絞って解説している．

　記述統計だけでもかなりのことがわかるが，統計を学ぶうえでぜひ理解していただきたいのが，次に紹介する「推測統計」の考え方である．統計学はよく「バラツキ」の学問であるといわれる．バラツキをいかにわかりやすくまとめるかが，記述統計の手法であるとすれば，推測統計は，バラツキの中から意味のある情報を引き出すための手法といえるかもしれない．

　通常，私たちは，知りたい対象のすべてのデータを手に入れることはできない．たとえば，選挙前にマスコミが行う世論調査では，争点となる政策への賛否や支持政党などについての結果が報告される．ただ，これは有権者全員の意見を集約したものではない．標本と呼ばれる一部の有権者の意見をまとめて，グラフなどに表したものである．

　世論調査の例でいえば，ある政策に「賛成」が38%，「反対」が33%，「わからない」，「無回答」が29%であったとする．この結果から何がいえるだろうか．賛成意見が反対意見を上回っているので，有権者は賛成の人が多いと判断してよいのだろうか．あるいは，見方によれば，調査は一部の人の意見を聞いただけなので，このデータからは，有権者全体については何もわからないと考えるのが正しい見方なのだろうか．この問題を論理的（統計学的）に考える手法が推測統計である．

1. 統計を知る

●久保真人

1.1 問いを立てる：操作化

まず，問題解決のためには，解決する問題がなければならない．当たり前のことのように思うだろうが，実は，最も大切なのがこの段階である．問題解決の道筋で，「問いを立てる」ことは行程のマップを得ることである．マップが間違っていたり，不正確であったりすると，ゴールにたどりつけないか，必要以上に回り道することを覚悟しなければならない．

本書の第Ⅲ部では，問いに基づいた統計分析の実例が示されている．たとえば，第5章では，「学歴の価値は低下したか？」というリサーチクエスチョンを提示したうえで，「出身階層」，「教育達成」，「到達階層」という三つの概念の間の関係を調べることで，その問いに答えることができる（5章の図5.1参照）という問題解決のマップが示されている．つまり，「教育達成」（学歴）を通して，「出身階層」から「到達階層」の間で階層移動が生じているならば，学歴は価値をもつのである．また，逆に「教育達成」のいかんにかかわらず，階層が固定化している場合，学歴の価値に疑問符がつくことになる．

もちろん，学ぶことの意味は階層を上昇することだけではないだろう．学ぶことは人生を豊かにし，学校生活はさまざまな経験と仲間を得る場所でもある．それぞれが学歴を積むことにより生じる価値ではあるが，価値の意味を辞書的に並べ立ててみても，何も見えてはこない．そもそも「価値」のような日常用いられる概念は，多義的で曖昧な場合がほとんどであり，このままでは客観的に検討することは不可能である．とくに本書が扱う統計学という道具を使うためには，具体的にどのような数字（データ）を「価値」とするかを決めなければならない．

第5章では，「価値」を階層移動という価値に限定して議論が進められている．同様に，第4章「女って損？」でも，「損する」ということを労働市場における

賃金の低さに限定して，厚生労働省の賃金構造基本統計調査のデータをもとに，議論が進められている．このように，統計学の枠組みで問題を解決していく場合，リサーチクエスチョンのなかの概念の意味を限定し，具体的な数字（データ）におきかえていく作業が必要である．この手続きを操作化と呼ぶ．

1.2 データを集める：データの意味

1.2.1 尺度水準：データの種類

リサーチクエスチョンを立て，概念の操作化が終われば，次にデータを収集する．たとえば，近年の日本の経済力の推移を調べたいと思えば，まずは，よく知られた指標としてGDP（国内総生産）のデータを調べることから始めればよいだろう．また，データも容易に手に入れることができる．

しかし，第3章で取り上げられる「空き家はどこに多いのか？」というリサーチクエスチョンでは，「空き家」の数のデータをどうやって収集するか．データにたどりつくための知識と技術が必要となってくる．さらに，第2章にあるように，インターネットが普及した昨今では語学とやり方にさえ習熟していれば，自宅にいながら海外のデータを収集することも可能である．

また，データを見つけてくるのではなく，自分で作ることもある．「データを作る」というと奇異な感じがするが，リサーチクエスチョンにしたがって調査や実験を実施するのは，その例である．たとえば，第6章では，仕事満足度と転職志向の関連を検討する目的で調査し，得られたデータを分析する過程が詳述されている．

こうして収集されたデータは，その性質により，名義尺度，順序尺度，間隔尺度，比率尺度の4種類に分類される．

まず，名義尺度とは，カテゴリーあるいはラベルとしての意味しかもたないデータである．たとえば，社会調査では，性別を回答する項目（変数）が含まれていることが多いが，一般に，男性を1，女性を2，無回答を3などといった形でデータ化される（調査の回答をデータ化していく作業をコーディングと呼ぶ）．しかし，この1あるいは2という数字には，1+1=2のように，男性を二つ足すと女性になるとか，女性は男性の2倍であるといった演算は成り立たない．また，好きなプロ野球チームなどを回答する項目も，各球団に1から12までの数

字を割り当てていくが（たとえば，1＝日本ハム，2＝楽天，……），この数字にも，3と8は別の球団であるということ以上の意味はない．これらのデータは，名義尺度に分類される．

英語能力を評価する試験に日本英語検定協会が実施する実用英語技能検定（略称：英検）があるが，現在英検資格は，難易度の順に1級，準1級，2級，準2級，3級，4級，5級の計7段階ある．これを，たとえば，1級＝1，準1級＝2，2級＝3，……という形でコーディングしたとすれば，1と3とは別の級だということに加えて，数字が小さいほど上位の資格であり，数字の大小が意味をもつことになる．このように数字の順序に意味があるデータを順序尺度と呼ぶ．しかし，1級と準1級の（英語能力の）差は，3級と4級の差と等しいとはいえないので，「2（準1級）－1（1級）≠6（4級）－5（3級）」となり，演算は成立しない．

それに対して，間隔尺度とは，数値間の差が意味をもつ（等しい）データである．私たちが日常耳にすることが多い摂氏温度は，間隔尺度の代表的な例である．差が意味をもつため，20℃－10℃＝30℃－20℃という演算式が成り立つ．これは，たとえば，100gの水の温度を10℃から20℃に上げる熱量と20℃から30℃に上げる熱量が等しいことに根拠がある．ただ，温度20℃という状態は，10℃の2倍（の熱量をもつ）状態ではないので，比は意味をもたない．

比が意味をもつのは，絶対的なゼロ点が存在する比率尺度のデータである．たとえば，長さを表すメートルや重さを表すグラムなどの場合，0mは「長さがない」ことを表し，0gは「重さがない」ことを表す（先の摂氏温度0℃は任意の点で「温度がない」ことを表すわけではない）．したがって，4mは2mの2倍の長さがあり，50gは100gの2分の1である．

以上のように，データには，その性質により四つのレベルがあり，演算ができない名義尺度，順序尺度と，演算が可能な間隔尺度，比率尺度の二つに大きく分けることができる．前者を質的データと呼び，後者を量的データと呼ぶ．一般に，統計分析は，後者の量的データに対して行われるが，質的データを分析する手法もある．

1.2.2 データの信頼性と妥当性

ネット上のデータベースや調査などにより集められたデータは，分析を行う前に，その信頼性や妥当性について検討しなければならない．

データの信頼性は，データ測定の精度を表す概念である．たとえば，長さを測定する場合，製図用の定規を使って測定した場合と雑誌の付録についているようなキャラクターものの定規とでは，前者の精度が高く，測定されたデータの信頼性も高いといえる．より詳しく見ると，信頼性は二つの側面から評価することができる．一つはデータの安定性，もう一つはデータの一貫性である．

　データの安定性とは，同じ対象を同じ方法（測定器具，調査項目など）で繰り返し測定した場合，同じ測定結果が出ることをいう．先の例でいえば，同じ対象を同じ定規で測定し，同じ測定値が繰り返し得られた場合，この測定により得られたデータの信頼性は高いといえる．それに対して，測定値にばらつきがあり，測定の安定性に問題があると考えられる場合，そこで得られたデータの信頼性は低いといえる．

　データの一貫性は，同じ対象を別の方法で測定した際，先の方法と同じような測定結果が得られることをいう．たとえば，別の英語のテストを複数回行った場合，あるテストで高得点であった生徒Aは，別のテストでも高得点を取る傾向にあるし，あまり点数が伸びなかった生徒Bは，別のテストでもあまり高い得点は取れない傾向にある．このような場合，作成された一連のテストにより得られたデータの信頼性は高いといえる．逆に，テスト間で各生徒の結果が一定しない場合，これらのテスト結果から各生徒の英語の能力を評価する場合には注意が必要であり，得られたデータの信頼性は低いといえる．

　データの妥当性は，データの意味内容にかかわる概念である．妥当性は，内容的妥当性，構成概念妥当性，そして，規準連関妥当性の三つの側面から評価することができる．

　内容的妥当性では，文字どおり，測定している内容が，測定しようとしている内容と一致しているかどうかという点から評価する．英語の能力を測定する目的で，国語の試験を行った場合，両者には，言語の運用能力という共通点はあるものの，そこから得られたデータの，英語能力を評価するという意味での内容的妥当性は低いといえる．これは比較的明確な例であるが，内容によっては妥当性の評価に議論が必要なものもある．たとえば，ブータンの国王により提唱された「国民総幸福量」は，精神面の豊かさを幸福の尺度とし，GDPなどおもに経済的な豊かさを幸福の指標としてきた従来の考え方に疑念を呈するものである．ただ，内容的妥当性という観点からは，どちらが幸福を測定するための尺度として

適切かは議論の余地が多くある.

構成概念妥当性では，測定しようとしている内容の構成要素が含まれているかという点から評価する．たとえば，最近話題となることが多い国際的な学力テスト「学習到達度調査（PISA）」では，学力を評価するために，読解力，科学的リテラシー，数学的リテラシーの三つの分野から出題され，その総合得点により参加国を順位付けしている．つまり，学力はこの三つの分野から構成されるものであるという定義を採用していることになる．このとき（もちろん，この定義に異論を差し挟むことも可能ではあるが），テストにより得られた結果データは，構成概念妥当性を満たしているといえる．逆に，あるテストが，読解力の試験の結果のみで学力を評価していた場合，このテストから得られたデータは，構成概念妥当性に問題があるということになる．

最後に，規準連関妥当性では，関連すると思われる測定値（とくに外的規準と呼ぶ）との関連性という点から評価する．たとえば，ストレス状態を測定する尺度を新たに開発した際，既存のストレス尺度を外的規準として二つの尺度を同時に測定して，両者の関連性から規準連関妥当性を評価する．関連性が高ければ，ストレス状態を測定する尺度としての妥当性が高いということになる．また，強いストレス経験は，将来，消化器系や循環器系などのストレス関連性疾患のリスクを高めるが，追跡調査により，ストレス尺度がこれらの疾患の発症リスクなどの外的規準と関連していることが確かめられた場合，とくに予測的妥当性が高いということがある.

以上，データの信頼性，妥当性について概説した．データ分析の前に，その信頼性，妥当性について検討しておくことは，データから正しい結論を引き出すうえで，何よりも重要なことである.

1.3 データをまとめる：記述統計

1.3.1 データを見る：グラフ化

表 1.1 のようなデータの無味乾燥な数字の列を見て，問題解決の糸口を見出すことは難しい．データから何かを得るためには，まず，それをわかりやすい形にまとめる作業が必要である．そのための一連の統計手法を総称して記述統計と呼ぶ.

表 1.1 クラス A, B それぞれの得点

ID	A	B	ID	A	B	ID	A	B	ID	A	B
1	51	88	16	65	77	31	73	83	46	81	72
2	31	51	17	45	61	32	69	77	47	52	100
3	60	20	18	65	25	33	46	48	48	70	55
4	52	69	19	57	50	34	61	73	49	48	17
5	75	100	20	53	89	35	47	42	50	53	14
6	63	67	21	56	91	36	68	24	51	82	37
7	41	47	22	66	100	37	30	30	52	50	24
8	63	71	23	45	30	38	74	59	53	60	100
9	42	37	24	58	10	39	90	45	54	79	80
10	74	11	25	55	33	40	60	71	55	51	93
11	33	39	26	43	67	41	54	43	56	89	97
12	73	56	27	59	96	42	67	73	57	40	93
13	72	45	28	52	52	43	49	66	58	30	97
14	63	62	29	61	25	44	70	22	59	57	53
15	55	42	30	55	63	45	59	50	60	50	80
									平均値	58.2	58.2
									標準偏差	13.6	26.1

まず，表 1.1 がどういうデータなのか，その雰囲気をつかむためには，図示することが有効な手段である．図 1.1 は表 1.1 のデータをヒストグラムと呼ばれる図にまとめたものである．図を見ると，A が尖った山形なのに対し，B はなだらかな山形となっていることに気づく．たとえば，データが英語のテストの得点の分布であるとすれば，クラス A の生徒に比べて，クラス B の生徒の個人差が大きいという特徴を読み取ることができる．

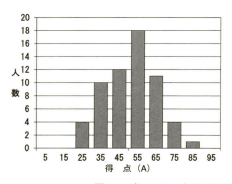 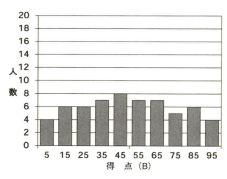

図 1.1　表 1.1 の A と B それぞれをヒストグラムにしたもの

数字だけを見て，具体的なイメージをもつことは難しいが，図示することで直感的に把握することが可能となる．ヒストグラムを作成するときは，データの最小値から最大値までを等間隔に分けた階級を設定する．データ数とそのばらつきの度合により，どの程度の幅の階級（2点刻みかあるいは5点刻みなど）に設定すべきかを決定することになる．

ヒストグラムは，棒の長短を使って，量的データの分布を示す棒グラフの一種である．棒グラフは，最も汎用性の高いグラフの形式であり，数値の大小を視覚的に表現する有効な手段である．図1.2では，棒グラフを用いて，「都道府県別の最低賃金時間額（円）」を示している．グラフにすることで，東京，大阪，愛知（名古屋）などの大都市圏を中心に賃金の"山"ができていることが一目で理解できる．

棒グラフ以外によく使われるグラフには，折れ線グラフ，円グラフ，帯グラフなどがある．折れ線グラフは，時間変化を示すのに最適なグラフの形式である．図1.3は，「日本の年平均気温」の移り変わりを折れ線グラフで示したものである．平均気温の経年変化とともに，いわゆる地球温暖化といわれる長期的気温上昇の傾向を読み取ることができる．

円グラフは，質的変数である名義尺度の構成割合をわかりやすく示すことがで

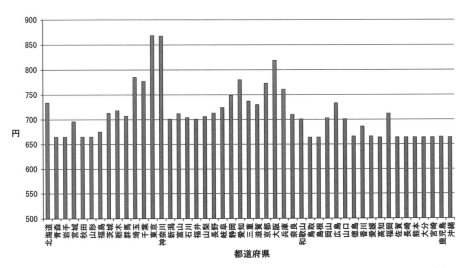

図 1.2　棒グラフの例：都道府県別の最低賃金時間額（円）（厚生労働省のウェブサイトより）

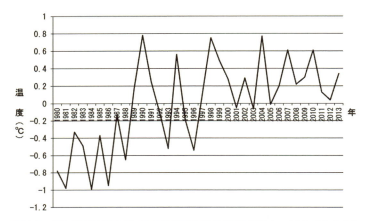

図 1.3 折れ線グラフの例：日本の年平均気温（気象庁のウェブサイトより）
縦軸は，1981〜2010 年の 30 年の平均を基準値とした基準値からの差．

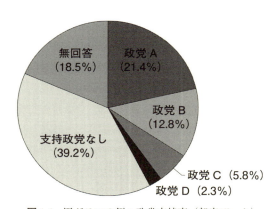

図 1.4 円グラフの例：政党支持率（架空データ）

きるグラフの形式である．図 1.4 は，選挙前などにマスコミの世論調査の結果として報道されることの多い政党支持率（架空データ）を円グラフに示したものである．各カテゴリーが全体に占める割合を直感的に把握することができる．

構成割合の経年変化を示すには，帯グラフが便利である．図 1.5 は，「産業別就業者数の構成率の変化」を帯グラフで示したものである．第一次産業，第二次産業，第三次産業の構成割合とその経年変化を一つのグラフで表すことができる．

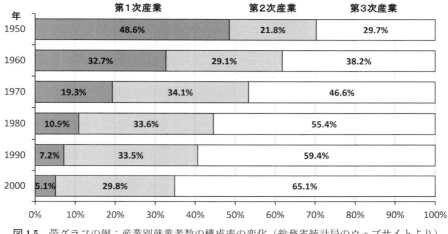
図 1.5 帯グラフの例：産業別就業者数の構成率の変化（総務省統計局のウェブサイトより）

1.3.2 データをまとめる：代表値

　表とグラフだけからでも多くの情報を引き出すことができるが，統計量を使って，端的にデータの特徴を示すことが必要なときも多い．統計量とは，データに決められた数式を適用して得られる数値であり，最もなじみのある統計量は，すべてのデータを足しあわせてデータ数で割る算術平均値である．表1.1にあるようにA，Bそれぞれの平均値は，ともに58.2であり，平均値から見れば，クラスAとクラスBの英語の能力は同等ということになる．つまり，逆の言い方をすれば，平均値だけでは，ヒストグラムで確認したAとBの分布の違いを示すことはできない．

　データのばらつきを示す代表的な統計量が標準偏差である．標準偏差は，平均値からの隔たりが大きい数値が多数存在するデータほど，ばらつきが大きいという考え方に基づき，式（1.1）により算出される．

$$\frac{\sqrt{(x_1-\bar{x})^2+(x_2-\bar{x})^2+\cdots+(x_n-\bar{x})^2}}{n} \tag{1.1}$$

ここで，$x_1 \sim x_n$ は個々のデータ，$\bar{x}$（「エックスバー」と読む）は平均値，n はデータの個数である．

　表1.1にあるようにAの標準偏差は13.6，Bの標準偏差は26.1となり，Aに比べてBは，平均値からの差が大きいデータが多いということになる．すなわ

ち，クラス B の生徒の方が，クラス A の生徒よりも英語の能力の個人差が大きいという結論となる．

　平均値や標準偏差のように，データの分布を端的に示す統計量をとくに代表値と呼ぶ．そして，先に説明したように，平均値だけではデータの分布を示す情報としては不十分なので，通常，平均値は標準偏差と併記される．さらにいえば，平均値のもつ「代表性」は，併記される標準偏差の大小により評価される．たとえば，表 1.1 のクラス A では，平均点近くの得点が多く，おおむね生徒の英語能力は平均点あたりであると解釈しても間違いはないが，クラス B の場合は，平均点からかなり離れた点数も多く，生徒の英語能力を平均点あたりであるとみなすには，かなり無理がある．つまり，クラス B では，平均値の代表値としての意味はそれほど高くないということになる．この意味で，標準偏差は，クラス A (B) の生徒をひとり選択した場合，その英語の得点が平均値よりどれくらいずれている可能性があるかを示す値となり，後述するが，個々のデータの値を推測する際の基準となる[1]．

　平均値，標準偏差は，量的データの分布の性質を示す統計量であるが，演算が意味をもたない質的データには適用できない．たとえば，出身の都道府県をたずねた項目を 1 から 47 までの数字にコーディングしたデータがあったとすれば，その算術平均を計算して「平均値が 23.3 だから 23（愛知県）と 24（三重県）の間あたりが……」としても，まったく意味がない．こういった場合には，代表値として最頻値（モード）を用いることができる．最頻値とは，データの要約統計量として最も出現頻度の多い数値を選ぶ方法である．先の例の場合，13（東京出身者）が最も多ければ，東京が最頻値ということになる．

　平均値，最頻値以外のよく使われる代表値としては，中央値がある．たとえば，ある短距離陸上選手の今シーズン行われた 15 回の競技会における 100 m の順位記録のデータがあるとする．これは順序尺度のデータなので，算術平均は適用できない．もちろん，先のモードを適用してもよいが，順位のデータを大きさの順に並べて（たとえば，1,1,1,2,2,2,2,3,3,3,3,4,4,4,）ちょうど中央の数値（例の場合，7 番目の"3"）を代表値とする方法である（偶数の場合，たとえば，データが 16 の場合は，8 番目の数値と 9 番目の数値の平均をとる）．

1.4 部分から全体を知る：推測統計

1.4.1 正規分布とは

そもそも部分から全体を推測する必要があるのは，世の中の多くのデータが，その部分しか手に入らないからである．たとえば，マスコミの世論調査では，国民全員あるいは少なくとも有権者全員のデータを収集することは不可能である．また，製品の品質検査においても，すべての製品を開封して検査していては売るものがなくなってしまう．そういうとき，有権者の一部，あるいは製品の一部のデータを分析することで，全体の状態を推測することが行われている．

統計学では，研究対象全体を母集団，データが得られている母集団の一部を標本（サンプル）と呼ぶ．部分から全体を推測するとは，手元にある標本データから，実際には知ることのできない母集団の状態を推測することにほかならない．先に述べた，数字のならびに意味を見つけるためにデータをまとめる統計学の手法を総称して記述統計と呼ぶのに対して，部分から全体を推測するための手法は推測統計と呼ばれている．ここでは，まず，推測の基礎となっている正規分布について概説する．

推測統計の考え方の多くは，正規分布という概念にその根拠をおいている．正規分布は，図 1.6 に示した A あるいは B のような，左右対称の山型の分布である．たとえば，ねじなどの部品を製造する過程で，すべての製品の寸法が完全に一致するわけではない．個々のねじ径の寸法は微妙に異なってくる．もちろん，寸法のばらつきが極端に大きければ，ねじとして使いものにならないわけだから，異なるといっても，ほとんどのねじは実用上支障のない程度の範囲におさまる．しかし，ごくまれに規定のねじ穴に入らない（あるいは小さすぎる）ねじが

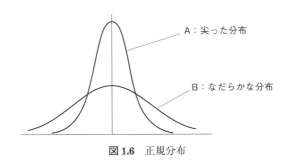

図 1.6　正規分布

製造されることもある．個々のねじ径の寸法を横軸，そして，そのようなねじが製造される確率を縦軸にして，この工場で製造されるねじ全体（母集団）の値を図示すれば，図1.6のAあるいはBのような分布となる．

　山頂に当たる部分の横軸の値は最も出現頻度の高いねじ径の値，縦軸の値はその出現確率を示す．先の例の場合，最も出現頻度の高いねじ径の値は，通常，その規格値にあたる（そうなっていなければ製造過程を見直す必要がある）．規格値の生じる頻度が最も高く，その値から離れるにしたがって生起頻度が減少する．山の両裾野に当たる部分の値が，大きすぎる（小さすぎる）ねじが製造される確率となる．

　ここで，図1.6に示したAとBという分布について考える．AとBはともに正規分布の一例である．ただ，同じ山型の分布でも，Aは裾野が狭く"尖った"形状，Bは裾野が広く"なだらかな"形状となっている．それぞれの分布を工場Aで製造されるねじ径の寸法の分布，工場Bで製造されるねじの径の寸法の分布として説明すると，製造されたねじ径が工場Aのような分布となるとき，規格値に近いねじが多く生産されていることになり，規格に合わない大きすぎる（小さすぎる）ねじが製造される確率は低く抑えられていることがわかる．それに対して，工場Bのような分布になるとき，規格値のねじが全体で最も多く製造されることに変わりはないが，裾野が広がっている分，規格から隔たりの大きいねじが製造される確率が増していることがわかる．依頼主の立場からすれば，Aは精度の高いねじを製造している工場であり，Bは精度の低い，規格外品のねじを製造する確率の高い工場となり，どちらの工場を取引先とすべきかは明白である．

　AとBの分布を，先に取り上げた代表値を使って説明することもできる．山頂に当たる部分の数値は，最も出現頻度の高い値であり，この値を中心として左右に均等に値が分布していることから，この分布の平均値となる．そして，左右の広がりの違いは，平均値からの隔たりの大きさ，データのばらつきであり，その大小は標準偏差を使って表すことができる．たとえば，図1.6では，AとBの平均値は同じであるが，標準偏差の値はAよりもBの方が大きいということになる．

　正規分布には，二つの重要な性質がある．正規分布は，平均値を中心とした左右対称の山形の分布であるが，その形は，平均値と標準偏差の値により一義的に

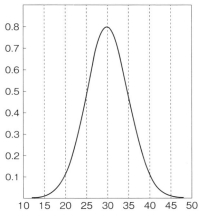

図 1.7 平均値 30, 標準偏差 5 の正規分布

定まることがわかっている．これが正規分布の一つ目の重要な性質である．

　平均値と標準偏差により，正規分布は"尖った"分布から"なだらかな"分布まで見た目は異なるが，分布の形状はみな同じで，共通の性質をもっている．それは，平均値から標準偏差の単位で値を区切ったとき，その間にはつねに一定の割合のデータが含まれるというものである．たとえば，図 1.7 に示したように，平均値から±2×標準偏差，たとえば，平均値が 30, 標準偏差が 5 であれば，20 (30−10) から 40 (30+10) の間に全体のデータの約 95% が含まれることがわかっている．"尖った"正規分布であれ，"なだらかな"正規分布であれ，この性質に変わりはない．これが，正規分布の二つ目の重要な性質である．

　この性質をもとに，正規分布に従う（正規分布で近似できる）データであれば，標本の平均値と標準偏差を利用して，母集団のなかで，特定の値がどれくらいの確率で出現するかを推測することができる．特定の値 (x) と平均値との差（偏差と呼ぶ）を標準偏差で除したのが式 (1.2) である．

$$Z = \frac{x - \bar{x}}{\sigma} \quad (1.2)$$

ここで，x はデータ，$\bar{x}$ は平均値，σ は標準偏差である．

　この式は，統計学で標準得点（z スコア）と呼ばれている統計量を求める式である．この式により，平均値や標準偏差の異なるさまざまな正規分布を標準正規分布と呼ばれる平均値 0, 標準偏差 1 の分布におきかえることができる．この変

表 1.2　標準得点の表

Z	0	0.01	0.02	0.03	0.04	0.05	0.06	0.07	0.08	0.09
0.0	0.0000	0.0040	0.0080	0.0120	0.0160	0.0199	0.0239	0.0279	0.0319	0.0359
0.1	0.0398	0.0438	0.0478	0.0517	0.0557	0.0596	0.0636	0.0675	0.0714	0.0753
0.2	0.0793	0.0832	0.0871	0.0910	0.0948	0.0987	0.1026	0.1064	0.1103	0.1141
0.3	0.1179	0.1217	0.1255	0.1293	0.1331	0.1368	0.1406	0.1443	0.1480	0.1517
0.4	0.1554	0.1591	0.1628	0.1664	0.1700	0.1736	0.1772	0.1808	0.1844	0.1879
0.5	0.1915	0.1950	0.1985	0.2019	0.2054	0.2088	0.2123	0.2157	0.2190	0.2224
0.6	0.2257	0.2291	0.2324	0.2357	0.2389	0.2422	0.2454	0.2486	0.2517	0.2549
0.7	0.2580	0.2611	0.2642	0.2673	0.2704	0.2734	0.2764	0.2794	0.2823	0.2852
0.8	0.2881	0.2910	0.2939	0.2967	0.2995	0.3023	0.3051	0.3078	0.3106	0.3133
0.9	0.3159	0.3186	0.3212	0.3238	0.3264	0.3289	0.3315	0.3340	0.3365	0.3389
1.0	0.3413	0.3438	0.3461	0.3485	0.3508	0.3531	0.3554	0.3577	0.3599	0.3621
1.1	0.3643	0.3665	0.3686	0.3708	0.3729	0.3749	0.3770	0.3790	0.3810	0.3830
1.2	0.3849	0.3869	0.3888	0.3907	0.3925	0.3944	0.3962	0.3980	0.3997	0.4015
1.3	0.4032	0.4049	0.4066	0.4082	0.4099	0.4115	0.4131	0.4147	0.4162	0.4177
1.4	0.4192	0.4207	0.4222	0.4236	0.4251	0.4265	0.4279	0.4292	0.4306	0.4319
1.5	0.4332	0.4345	0.4357	0.4370	0.4382	0.4394	0.4406	0.4418	0.4429	0.4441
1.6	0.4452	0.4463	0.4474	0.4484	0.4495	0.4505	0.4515	0.4525	0.4535	0.4545
1.7	0.4554	0.4564	0.4573	0.4582	0.4591	0.4599	0.4608	0.4616	0.4625	0.4633
1.8	0.4641	0.4649	0.4656	0.4664	0.4671	0.4678	0.4686	0.4693	0.4699	0.4706
1.9	0.4713	0.4719	0.4726	0.4732	0.4738	0.4744	0.4750	0.4756	0.4761	0.4767
2.0	0.4772	0.4778	0.4783	0.4788	0.4793	0.4798	0.4803	0.4808	0.4812	0.4817
2.1	0.4821	0.4826	0.4830	0.4834	0.4838	0.4842	0.4846	0.4850	0.4854	0.4857
2.2	0.4861	0.4864	0.4868	0.4871	0.4875	0.4878	0.4881	0.4884	0.4887	0.4890
2.3	0.4893	0.4896	0.4898	0.4901	0.4904	0.4906	0.4909	0.4911	0.4913	0.4916
2.4	0.4918	0.4920	0.4922	0.4925	0.4927	0.4929	0.4931	0.4932	0.4934	0.4936
2.5	0.4938	0.4940	0.4941	0.4943	0.4945	0.4946	0.4948	0.4949	0.4951	0.4952
2.6	0.4953	0.4955	0.4956	0.4957	0.4959	0.4960	0.4961	0.4962	0.4963	0.4964
2.7	0.4965	0.4966	0.4967	0.4968	0.4969	0.4970	0.4971	0.4972	0.4973	0.4974
2.8	0.4974	0.4975	0.4976	0.4977	0.4977	0.4978	0.4979	0.4979	0.4980	0.4981
2.9	0.4981	0.4982	0.4982	0.4983	0.4984	0.4984	0.4985	0.4985	0.4986	0.4986
3.0	0.4987	0.4987	0.4987	0.4988	0.4988	0.4989	0.4989	0.4989	0.4990	0.4990
3.1	0.4990	0.4991	0.4991	0.4991	0.4992	0.4992	0.4992	0.4992	0.4993	0.4993
3.2	0.4993	0.4993	0.4994	0.4994	0.4994	0.4994	0.4994	0.4995	0.4995	0.4995
3.3	0.4995	0.4995	0.4995	0.4996	0.4996	0.4996	0.4996	0.4996	0.4996	0.4997
3.4	0.4997	0.4997	0.4997	0.4997	0.4997	0.4997	0.4997	0.4997	0.4997	0.4998
3.5	0.4998	0.4998	0.4998	0.4998	0.4998	0.4998	0.4998	0.4998	0.4998	0.4998

注）　列は，小数第2位以下の値を示す．たとえばZ＝1.42であれば，1.4の行と0.02の列の交わったところ，0.4222が確率の値となる．

換を標準化と呼ぶ．

　先に述べたように，正規分布は平均値，標準偏差はさまざまであるが，分布の形状は共通している．その性質を使って，まず，標準的な正規分布におきかえたうえで，表 1.2 に示した標準得点（z スコア表）を使って，特定の値（x）が出現する確率を求める．たとえば，平均値が 30，標準偏差が 5 の正規分布で（図 1.7），37 の値の出現する確率を知りたいとすれば $(37-30)/5=1.4$ となり，表 1.2 から z が 1.4 であるところをみると，0.4192 という値が記されている．これは，平均値からこの値（平均値以上なので山の右側となる）までの間に 41.92％のデータがあることを意味するので，平均の右側の 50％から 41.92％を引いた残り 8.08％がこの値以上のデータが出現する確率となる．したがって，この値は上位から 8.08％の位置にあるデータと推測することができる．

　受験生になじみ深い偏差値は，標準得点を加工したものである．式（1.3）が偏差値を求める式である．

$$\text{偏差値} = z \times 10 + 50 \tag{1.3}$$

ここで，z は標準得点（z スコア）である．

　標準得点を 10 倍して 50 を加えているが，偏差値でわかることも先の標準得点と同じである．偏差値により，模擬試験の受験生のデータ（標本）から，自分の得点が受験生全体（母集団）のどのあたりの位置を占めるかを推測することができる．なぜ，標準得点そのものを使わないかといえば，私たちは，得点を 100 点満点で評価することに慣れているため，標準正規分布ではなく，平均 50，標準偏差 10 の正規分布を推定のための分布に使っているためである．

1.4.2　点推定と区間推定

　部分から全体を推測するプロセスは，よく料理の味見にたとえられる．調理の際，仕上がり具合を確かめるため，料理をすべて食べてみる必要はなく，スプーン一杯の味見で事足りるものである．これは，鍋のなかがよく混ぜられ，スプーン一杯の味と鍋全体の味の間に大きな差がないことが前提にある．

　少しもってまわった言い方になったが，統計学では，母集団が鍋全体，標本がスプーン一杯にあたる．つまり，標本から母集団の状態を正しく推測するためには，"よく混ぜた" スプーン一杯であることが大切である．この "よく混ぜた" 標本を得るための手法は標本抽出法と呼ばれ，いくつかの方法が考案されている

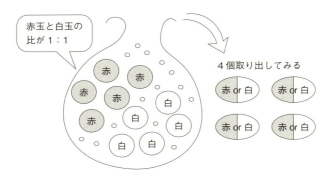

図 1.8 赤玉と白玉が 1：1 の割合で入っている大きな壺

(章末のコラム「標本抽出法」参照)．

　母集団と標本の関係を知るため，赤玉と白玉が 1：1 の割合で入っている大きな壺を考えてみる（図 1.8）．いま，この壺から 4 個の玉を取り出してみる．その際，壺のなかと同様に，赤玉と白玉の割合が 1：1，すなわち赤白 2 個ずつ取り出される確率は 37.5% である．それ以外，赤 3，白 1 は 25%，赤 4，白 0 は 6.3%，その逆の，赤 1，白 3 は 25%，赤 0，白 4 は 6.3% となっている．壺の中身を十分攪拌したとしても，本来の赤玉，白玉の割合以外の組み合わせは，60% 以上の確率で出現する．

　この例の場合，大きな壺が母集団であり，そこから取り出された四つの玉が標本である．たとえ完璧な標本抽出（十分な攪拌）を行ったとしても，標本から得られる値（統計量）と母集団の値（母数）とは完全には一致しないことがわかる．この母数と標本から得られる値のずれを標本誤差と呼ぶ．そして，手元のデータから得られる統計量は，研究対象である母集団の誤差を含んだ推定値にすぎないことがわかる．つまり，部分から全体を推測するための推測統計とは，この標本誤差を正しく評価するための手法にほかならない．

　標本を使って母数を推定する場合，特定の値を推定する点推定と取りえる値の範囲を推定する区間推定がある．ただ，一つの値を推定する点推定の場合でも，推定値とともに標準誤差と呼ばれる推定の精度を示す値を一緒に提示する．ここでは，母集団の平均値（母平均）の推定の考え方について説明する．

　標本の平均値は，母集団の分布が正規分布である場合，あるいは標本数（n）が十分大きい場合，母平均を平均とする標準偏差 $\sigma/\sqrt{n}$ の正規分布になること

がわかっている．ここで標本平均値の分布とは，同じ母集団から任意の標本数(n)を取り出し平均値を計算した場合の平均値の分布である．標本の平均値と母平均値とは完全には一致しない．たとえば，任意に選択した日本人大学生100人の1日の学習時間の平均値が42.5分，それとは別の標本100人を抽出した際の平均値が40.2分という形で，同じ母集団であっても，標本により平均値の値は異なる．このような標本抽出を繰り返した結果得られる平均値の分布が標本平均値の分布となる．

したがって，平均値に関していえば，標本平均値は母集団の平均値の推定値となる．しかし，両者は完全に一致するわけではなく，そのずれの程度を示す精度は標本誤差であり，$\sigma/\sqrt{n}$ により算出することができる．標本誤差は，標本平均値の分布の標準偏差にあたるものなので，この値が大きいほど推定の精度はよくないと判断することになる．

母集団の状態を知るためにどれくらいの標本数が必要かは，推定値の精度にどの程度までこだわるかによって決まる．たとえば，数億円単位の投資を決定する際の期待される配当の予想は1%違っても数百万円単位のずれとなり，見過ごすことはできないが，あるイベントの入場者数の予想が1%ずれたとしても，ほとんど影響はないだろう．

標本数を増やすほど精度は向上するが，それは，標準誤差の式より標本数の $\sqrt{n}$ に比例することがわかる．たとえば1,000の標本から得られた推定値の精度を2倍に高めるためには，4倍すなわち4,000の標本が必要となり，さらにその2倍に精度を高めるためには16,000の標本が必要となる．推定の精度を上げるためには，その見返りとして調査のための多大なコストを要することがわかる．

次に同じく母集団の平均値（母平均）の区間推定について説明する．点推定がその精度として標準誤差を付すのに対して，区間推定では，推定しようとしている値が取りえる範囲を予測する．

標本平均の標本分布は，母平均を平均とする標準偏差 $\sigma/\sqrt{n}$ の正規分布になることから，正規分布の，平均値から標準偏差の単位で値を区切ったとき，その間にはつねに一定の割合のデータが含まれるという性質を利用して，母平均が高い確率でその範囲に収まる信頼区間と呼ばれている値の範囲を推定することができる．この「高い確率」は一般に95%ないしは99%が選択される．先に述べたように，正規分布では，平均値から±2×標準偏差の間に全体のデータの約95%

が含まれることがわかっているが，厳密に 95％ となる点を取ると平均値±1.96×標準偏差となる．同様に，99％ となる点は，平均値±2.58×標準偏差となる．

たとえば，25日間の集計で1日に平均300食売れる弁当屋があったとする．標準偏差が35.5食だったとすれば，その標準誤差は $35.5/\sqrt{25}$ で7.1食となる．この弁当屋の1日に売れる弁当の95％の信頼区間を求めると $300-1.96\times7.1$ から $300+1.96\times7.1$ まで，すなわち286.084食から313.916食までとなる．よって，この弁当屋の1日に売れる弁当の数は，95％ の確率で287食から313食の間におさまることがわかる．余談であるが，この弁当屋の店主は，売れ残りの廃棄をできるだけ避けたいのだとすれば1日287食くらい，販売の機会を逸することの方が経営上望ましくないのであれば，313食くらいの弁当を作ればよいということになるだろう．もちろん，この推定は，この間なんらかの人為的なイベントがなく，弁当の売れ行きに季節変動などの要因がないという前提のもとでの話である．

1.4.3 統計的検定（1）：統計的検定法の考え方

部分から全体を推測する推測統計には，前項のように，標本データを用いて，母集団の値（母数）を推測する方法だけでなく，母集団についての仮説を検証する方法もある．この項では，標本から母集団の仮説の真偽を確かめる方法，統計的検定法について，その考え方を説明する．

たとえば，日本の高校生対象の新しい英語の教育プログラムを開発し，その効果を調査により検証したいとする．母集団は日本の高校生となるが，その全員からデータを収集することはできない．そこで，新しいプログラムで教育する高校生200人，従来のプログラムで教育する高校生200人の標本を抽出し，その効果を検証する調査を行った．3カ月後のテスト（たとえばTOEFLなど）の得点変化を調べたところ，新プログラム群の得点の平均の伸び率が旧プログラム群のそれを上回ったとする．この結果から，新プログラムは従来のプログラムより優れた方法だといえるであろうか．この問いに答えるためには，先の標本誤差の概念に立ち戻らなければならない．

まず，新プログラムが従来のプログラムよりも優れた方法であることを証明するためには，新プログラムで教育を受けた高校生全員（もちろん個人差はあるが）が，従来のプログラムで教育を受けた高校生全員よりも，英語力が向上して

いることを確かめなければならない．すなわち，新プログラムの高校生の母集団と従来のプログラムのそれを比較する必要がある．そこで，先の実験では，新プログラムの母集団から 200 人の標本を抽出して新プログラム群（標本 A）とし，旧プログラムの母集団から 200 人の標本を抽出して旧プログラム群（標本 B）として，両者の比較を行ったわけである．

次に，実験の両群のデータを比較して，新プログラムの母集団の得点の平均伸び率が，旧プログラム群のそれを上回っていることを確かめねばならない．実際に，調査では，新プログラム群の得点の平均の伸び率の値が高かったことがわかっている．しかし，ここで早計に，「標本 A ＞ 標本 B であるから，母集団 A ＞ 母集団 B」と結論づけられないのは，1.4.2 項で見たように，標本から得られた値には，つねに標本抽出に伴う誤差（標本誤差）が含まれているためである．つまり，同じ母集団から標本を抽出したとしても，標本誤差のため，平均値などで同じ値が得られるわけではない．このことは，かりに，平均伸び率で，母集団 A と母集団 B の母数がまったく同じであったとしても，それぞれから標本を抽出した場合，標本間の平均の伸び率の値に差が生じることは，標本誤差の範囲内で起こりうるのである．この場合，母集団 A と母集団 B の平均伸び率には差がなく，したがって，新プログラムの優位性は存在しないという結論となる．

それでは，標本から母集団の間に差があることを結論づけるには，どのような手続きが必要なのであろうか．これが，統計的検定法と呼ばれる手続きである．ここでは，統計的検定における標本誤差の考え方について，サイコロの出目の例を使って説明する．

この例で検証するのは，目の前のサイコロが「細工されたサイコロである（奇数と偶数の出現頻度が異なる）」という仮説である（この例の文脈としてサイコロを使ったギャンブルを思い描いてもらうと理解しやすいかもしれない）．この場合の母集団は，目の前のサイコロを数限りなく（無限回）振った場合で，そのときの偶数，奇数それぞれが出現する確率が母数となる．正しいサイコロであれば，当然，ともに 50％ となる．

無限回サイコロを振ることはできないので，標本として，サイコロを 10 回振って出た目の数が奇数か偶数かを記録する．先に述べたように，正しいサイコロの奇数あるいは偶数の出現確率の母数は 50％ である．しかし，標本では，標本誤差により，必ずしも 50％ とはならない．正しいサイコロであっても，10 回

表 1.3　「奇数の出現回数：偶数の出現回数」の出現確率

奇数 — 偶数	出現確率（％）
10 — 0	0.1
9 — 1	1.0
8 — 2	4.4
7 — 3	11.7
6 — 4	20.5
5 — 5	24.6
4 — 6	20.5
3 — 7	11.7
2 — 8	4.4
1 — 9	1.0
0 — 10	0.1

振って奇数，偶数が5回ずつ出現する確率は24.6％である．以下，「奇数の出現回数：偶数の出現回数」という形式で確率を算出した（表1.3）．

確率計算から，正しいサイコロであっても，10回のうち7回偶数（奇数の場合も同様）が出る確率は10％を超えることがわかる．また，最も極端な結果，10回とも偶数あるいは奇数が出る確率も0ではない．さらにいえば，かなり極端な事象であっても確率が0になることはない（たとえば，1万回偶数が出続ける確率も0ではない）．しかし，1万回はもちろん，10回ともどちらかに偏る目が出るサイコロを標本誤差として起こりえるからとして「正しいサイコロ」と判断するのも問題があるような気がする．統計的検定において，標本誤差をどう考えるかのポイントがこの点にある．すなわち，どの程度までを「標本誤差の範囲内」と考えるかという問題である．

1.4.4　統計的検定（2）：統計的検定法の手順

ここで，統計的検定の方法を最初から順を追って見てみよう．統計的検定とは，標本間の差が，標本抽出の過程で偶然生じた標本誤差に由来するのか，母集団の母数の違いに由来するのかを決定する手続きである．まず最初に，帰無仮説と呼ばれている仮説を設定する．一般に，研究仮説では，先の英語の教育プログラムの例のように，「差がある」ことを仮定し，検証することがほとんどである．しかし，統計的検定の手順では，「差がない」ことを仮定するところから始まる．この仮説を帰無仮説と呼ぶ．そして，まず，差がないことを仮定して手順を踏ん

でいくなかで矛盾が生じることで，最初の仮説，すなわち帰無仮説が誤っているという結論を導き，結果として，「差がある」ことを証明するのが統計的検定の手順である．これは背理法と呼ばれる数学的証明の手続きである．なお，帰無仮説という名称は，無に帰する（仮説が棄却される）ことが期待されている仮説であることから，この名がある．すなわち，目的（研究仮説）は，差があることを証明したいわけだから，そのためには差がないとする仮説（帰無仮説）を棄却しなければならないからである．

では，先のサイコロの例を用いて，検定の方法を具体的に見ていこう．まず，研究仮説は「サイコロが細工されている（偶数と奇数の出現頻度が異なる）」であることから，帰無仮説は「正しいサイコロである（偶数と奇数の出現頻度が同じ）」となる．今，10回サイコロを振って偶数あるいは奇数に偏った目が9回出現したとする．この（標本）データからどのような結論を導くことができるだろうか．

表1.3から，10回中9回以上偶数あるいは奇数に偏った目が出る確率は2.2%（＝9回偶数（1%）＋9回奇数（1%）＋10回偶数（0.1%）＋10回奇数（0.1%））となる．正しいサイコロであったとしても，10回中9回以上偶数あるいは奇数に偏った目が出ることは，100回のうち2回ほどは起こりえることがわかる．先に述べたように，かなり極端な事象であっても確率が0にはならないことから，実際に起こりえるかどうかは，事象の起こりえる可能性の有無ではなく，どの程度の確率であれば，現実に起こりえる（起こることが期待できる）のか，逆の言い方をすれば，どの程度の確率であれば，現実に起こりえない（起こることが期待できない）と判断すべきなのか，有無を判断する確率の規準が必要となってくる．統計学では，その確率を5%（または1%）に設定している．つまり，確率が5%以下の事象は，現実には起こりえないと判断するのである．

サイコロの例に戻ろう．10回中9回以上偶数あるいは奇数に偏った目が出る確率は2.2%であった．5%を起こりうるかどうかの規準とすれば，正しいサイコロを振って，10回中9回以上偶数あるいは奇数に偏った目が出ることは起こりえないと判断することになる．では，なぜ，起こりえないことが起こったのか．それは，最初の出発点である「正しいサイコロである（偶数と奇数の出現頻度が同じ）」という帰無仮説が誤っていたからにほかならない．そこで，この帰無仮説が棄却され，「サイコロが細工されている（偶数と奇数の出現頻度が異な

る)」と結論することになる.

　それでは，10回サイコロを振って偶数あるいは奇数に偏った目が8回出現した場合はどうなるだろうか．表1.3から，10回中8回以上偶数あるいは奇数に偏った目が出る確率は11％（＝8回偶数（4.4％）＋8回奇数（4.4％）＋9回以上（2.2％））となる．5％を規準とすれば，11％は，正しいサイコロを振った際の標本誤差の範囲内で起こりえる事象ということになる．すなわち，この場合は，帰無仮説は棄却されないこととなり，「サイコロが細工されている（偶数と奇数の出現頻度が異なる）」という研究仮説は支持されないと結論することになる．

　ここで規準とする5％を有意水準あるいは危険率と呼ぶ．先に述べたように，5％以下の確率は，起こりえない事象と判断するのが統計的検定法のルールであるが，ただ，逆にいえば，5％以下の確率で，標本誤差である可能性は残されているわけである．そこで，5％を規準として，帰無仮説を棄却し，「差がある」と判断した場合，5％以下ではあるが，誤った結論を下している可能性が残されている．そこで，この5％という確率を（結論を誤る）危険率と考えるのである．

　たとえば，先の10回中9回偶数あるいは奇数に偏った目が出た場合には，「危険率5％以下で，サイコロが細工されている（偶数と奇数の出現頻度が異なる）」という言い方になる．また，10回中8回偶数あるいは奇数に偏った目が出た場合には，「正しいサイコロである（偶数と奇数の出現頻度が同じ）」という帰無仮説は棄却されない」という言い方になる（この場合は，仮説が間違っているとはいえないというだけで，「サイコロが正しい」ということが証明されたわけではない点に注意が必要である）．

　以上，サイコロの例をもとに統計的検定法の手順を説明したが，実際の検定では，実験群と統制群の差異などが研究の対象となるため，その標本誤差の起こりえる確率を知るためには，より複雑な確率の推定が必要となる．ここでは，統計的検定の基本的な考え方の説明にとどめるが，実際の検定の手続きにおいて，確率推定の基本的枠組みとなっているのが，1.4.1項に述べた正規分布である．代表的な検定である平均値差の検定に用いられる t という値も正規分布を変形することにより得られる t 分布と呼ばれる分布から算出される値である．また，後のクロス集計の項で紹介する独立性の検定に用いられる χ^2（カイ2乗）という値も正規分布を前提として算出される値である．

1.5 かかわりを見つける：データ間の関連性

1.5.1 散布図と相関係数

前節までは，一つのデータについてその分布をもとに分析を進めていく方法について紹介してきた．本節では，二つのデータについて，その関連性の程度を調べるための方法について概説する．

ここでは，ある業種の事業所を対象とした調査データ（著者が実施した調査データを少し改変して使用）を取り上げる．図 1.9(a) は，横軸に予想売り上げ縦軸に実売り上げをとって各事業所をプロットしたものである．このような二つの量的データの分布を X 軸と Y 軸上で同時に表すグラフを散布図と呼ぶ．同じ調査データから横軸に客単価，縦軸に実売り上げをとってプロットした図 1.9(b) と，先の図 1.9(a) を見比べてほしい．図 1.9(a) では，1 組のデータであるそれぞれの点が，近接し，全体として右上がりの帯のように分布しているのがわかる．それに対して，図 1.9(b) では，点は全体にばらばらに分布して，その並び方に規則性を見いだしにくいことがわかるだろう．

この結果から，この業種では，事前にある程度売上額を予想することは可能であるが，客単価と売り上げとはあまり関連性がない（薄利多売の業種であるなど，売り上げは顧客数など他の要因によって決まる傾向がある）と推測することができるかもしれない．

このように散布図を描くと，それぞれのデータの分布とともに，二つのデータがどのように関連しているかを視覚的に示すことができる．図 1.9(a) のように，右上がりの分布している場合，両データの間には関連性があり，一方の値が増えると他方の値が増える傾向にあることがわかる．図にはないが，反対に右下がりの分布をしている場合，同じく，両データの間には関連性があるといえるが，その方向性は逆で，一方の値が増えると他方の値が減る傾向にあることを示している．たとえば，賃貸物件の駅からの距離と賃貸料の関係が，このような関連性をもつ例としてあげられる．また，図 1.9(b) のように各点が規則性もなく分布している場合，二つのデータの間にあまり関連性がないことがわかる．散布図を描くことで，二つのデータ間の関連性について，その強さや方向性などを視覚的に把握することができる．

両者の関連性の強さや方向性を，図ではなく数字で示したのが相関係数であ

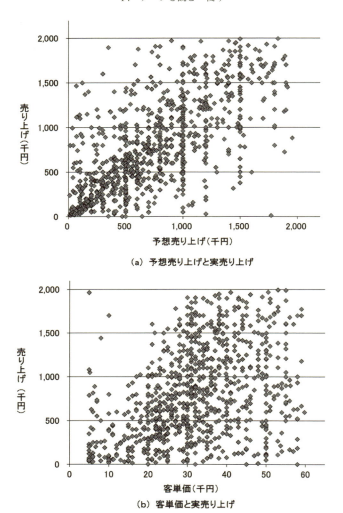

図 1.9 散布図の例

る.相関係数は,-1 から $+1$ までの値をとる統計量で,式 (1.4) により求めることができる.

$$\frac{(x_1-\bar{x})\times(y_1-\bar{y})+(x_2-\bar{x})\times(y_2-\bar{y})+\cdots+(x_n-\bar{x})\times(y_n-\bar{y})}{\sqrt{(x_1-\bar{x})^2+(x_2-\bar{x})^2+\cdots+(x_n-\bar{x})^2}\times\sqrt{(y_1-\bar{y})^2+(y_2-\bar{y})^2+\cdots+(y_n-\bar{y})^2}}$$

(1.4)

数字の絶対値の大きさで関連の強さを示し，＋，－の符号で関連の方向性を示す．図 1.9(a) のように，一方の値が増えると他方の値も増える関係を正の相関関係と呼び，この場合，相関係数は，関連性の強さに応じて＋で絶対値が大きくなる．最大値＋1 は，完全な正の相関関係，すなわち散布図の点が完全な右上がりの直線となる（$y=ax+b$ の 1 次関数となる）場合である．逆に，一方の値が増えると他方の値が減る関係を負の相関関係と呼び，この場合，相関係数は，その関係の強さに応じてマイナスで絶対値が大きくなる．マイナスの絶対値の最大値－1 は，完全な負の相関関係，すなわち散布図の点が完全な右下がりの直線となる（$y=-ax+b$ の 1 次関数となる）場合である．

1.5.2　クロス集計（1）：質的データの関連性

散布図と相関係数は，量的データの間の関連性を確かめるための手法であるが，質的データ（名義尺度，順序尺度）においても関連性を確かめるための方法がある．まず，それぞれのカテゴリーの組み合わせごとの度数を集計した表を作成する．

表 1.4 は，ある外食チェーン店の店舗所在地と 1 週間の麺類の売り上げの二つのデータを組み合わせた度数を集計した架空のデータである．このような表をクロス集計表と呼ぶ．また，行（a）と列（b）の数を明示して a×b クロス集計表と呼ぶこともある．表 1.4 は 3 行 3 列の表なので，3×3 のクロス集計表となる．

表 1.4 の度数を眺めているだけでも，漠然とした傾向を読み取ることはできるが，個々の度数の構成比率を求めることで，かかわりの程度や方向性が明確になる．個々の度数の構成比率を求める場合，何を知りたいかにより以下の三つの求め方がある．

①各行の度数を 100 とした場合の構成比率．

表 1.4　ある外食チェーン店の店舗所在地と 1 週間の麺類の売り上げ（架空のデータ）

	そば	うどん	ラーメン	計
東京	8,000	5,000	1,000	14,000
大阪	1,500	3,000	200	4,700
福岡	1,000	1,000	800	2,800
計	10,500	9,000	2,000	21,500

②各列の度数を 100 とした場合の構成比率.

③総度数を 100 とした場合の構成比率.

表 1.5 の①の数字は，各行の度数を 100 とした場合の構成比率を示したものである．この構成比率から，店舗所在地によって，顧客の麺の好みが異なる，具体的にいえば，東京ではそば，大阪ではうどんの注文が多いことがわかる．また，福岡では，絶対量はそば，うどんの方が多いが，他地域に比べてラーメンを注文する顧客が多いことがわかる．

表 1.5 の②の数字は，各列の度数を 100 とした場合の構成比率を示したものである．この表からは，うどん，そば，ラーメンそれぞれの各地域での消費比率を知ることができる．たとえば，それぞれの材料を仕入れるとき，どの地域にどの程度の割合で配分すればよいかがわかる．先の例で見たように，大阪ではうどんが好まれているが，顧客の絶対数が異なるため，うどんの消費量が最も多いのは東京となっている．

表 1.5 の③の数字は，総度数を 100 とした場合の構成比率を示したものである．この表からは，各組み合わせ（地域×麺）の全体に占める割合を把握することが

表 1.5 表 1.4 の度数の構成比率（%）の三つの求め方

①各行の度数を 100 とした場合の構成比率

	そば	うどん	ラーメン	計
東京	57.1	35.7	7.1	100.0
大阪	31.9	63.8	4.3	100.0
福岡	35.7	35.7	28.6	100.0

②各列の度数を 100 とした場合の構成比率

	そば	うどん	ラーメン
東京	76.2	55.6	50.0
大阪	14.3	33.3	10.0
福岡	9.5	11.1	40.0
計	100.0	100.0	100.0

③総度数を 100 とした場合の構成比率

	そば	うどん	ラーメン	計
東京	37.2	23.3	4.7	65.1
大阪	7.0	14.0	0.9	21.9
福岡	4.7	4.7	3.7	13.0
計	48.8	41.9	9.3	100.0

できる.たとえば,このチェーン店の売り上げを最も左右するのは,東京で提供されているそばとなる.材料費や効率的なオペレーションで,その原価率を下げることができれば利益に直結する.また,提供数の少ない大阪×ラーメンは,場合によっては,メニューから外すことを考えてもよいかもしれない.

1.5.3　クロス集計（2）：独立性の検定

クロス集計を行うことで,二つの質的データ間の関連性について検討することができるが,ここでは一歩進めて,「確かに」関連していると結論するための手法について説明する.そのためには,先の節で説明した統計的検定法の手順を用いる.

二つのデータ間に関連があることを検証するので,「二つのデータ間には関連がない（二つのデータは独立している）」という帰無仮説を設定する.ここで二つのデータが独立しているとは,一方のデータの度数の比が他方のデータの値によって変わらないことを意味する.表1.4,表1.5でいえば,麺類の売り上げと店舗所在地の間に関連がない（二つのデータは独立している）とするのが,この場合の帰無仮説となる.

それでは,この種の検定（「独立性の検定」と呼ばれている）の手続きを表1.4,表1.5の例を使って説明する.まず,東京の行を見ると,1週間に麺類が14,000食売れていることがわかる.ここで「二つのデータが独立している」とはどういう状態なのか.よくあるのは,東京の店舗で1週間に消費される14,000食の麺類が,4,500食ずつそば,うどん,ラーメンに均等に配分されている状態を「二つのデータが独立している」とする間違いである.そもそも,そば,うどん,ラーメンは均等に好まれるのではなく,地域によらず一定の選好割合がある.この選好割合が,地域によらず一定であることを「二つのデータが独立している」ことの帰無仮説とする.

具体的には,3地域のそばの合計10,500を麺類の総計21,500で割った数値を,地域によらないそばの選好割合として,それに東京で消費される14,000食をかけたもの,14,000食×10,500/21,500＝6,837.1食を,「二つのデータが独立している」場合の東京でのそばの売り上げの期待値と考えるのである.同様に,14,000食×9,000/21,500＝5,860.5食が,「二つのデータが独立している」場合の東京でのうどんの売り上げの期待値となる.これを一般的な式で表せば式（1.5）とな

る．
　各セルの期待度数＝該当する行の総度数×該当する列の総度数／総度数

(1.5)

　今，帰無仮説（二つのデータは独立している）が正しいとすれば，各セルの度数は期待度数と一致するはずである．しかし，かりに二つのデータが独立していたとしても，標本誤差により，実際の度数（観測度数）は，期待度数と完全に一致するわけではない．そこで，各セルの観測度数と期待度数のずれを計算し，それが標本誤差の範囲内のずれかどうか，すなわち，5％以上の確率で起こりえる誤差の範囲内なのかについて確かめる必要がある．もし，5％以上の確率で生じるずれであれば，帰無仮説は棄却されず，「二つのデータの間に関連があるとはいえない」と結論することになり，5％よりも少ない確率でしか生じない（ほど大きい）ずれであれば，帰無仮説は棄却され，二つのデータは関連しているという結論をくだすことになる．

　ここでは詳細な検定の手続きは省略するが[2]，表1.4，表1.5のデータについて独立性の検定を行った結果，5％の有意水準（危険率）で帰無仮説は棄却され，二つのデータ，すなわち，店舗所在地と麺類の好みの間に関連があるという結論が得られる．ただし，どういう関連性があるか（たとえば，東京地域のそばの売り上げが他地域に比べて多いなど）については，先に述べた構成比率などをもとに推測する必要がある．

1.6　問いに答える：統計の力

　以上，統計データを活用していく上での基本事項を概説した．本章の最後に，あらためて問題解決の手段としての統計分析の三つの役割と，第Ⅱ部以降の本書の構成について述べる．

　まず，解決すべき問題の現状を認識するために，統計的方法を用いることができる．問題解決は，問題が存在することを私たちが認識し，それについて考えることからスタートする．しかし，私たちの知識は限られ，思考のプロセスは時として，個人の価値観や思い込みにとらわれていることも少なくない．問題に関連するデータを収集することで，問題をより幅広く，客観的にとらえ直すことができる．問題を取り巻く状況を認識し，仮説を構成するためのデータの収集ならび

標本抽出法

コラム

ここでは，社会調査で用いられている標本抽出法を紹介する．

単純無作為抽出法

まず，もっともシンプルな標本抽出法が，単純無作為抽出（simple random sampling）法である．母集団のリストのなかからランダムに標本を選んでいく手法で，1.4.2 項で述べた大きな壺のなかの玉を十分かき混ぜてから取り出していく手法に近い．手続きがわかりやすい利点があるが，大きな母集団を対象とした調査の場合には，その全員のリストが必要になるなど実施上困難が伴う場合が多い．

この問題を回避するための手続きが「2 段抽出（two-stage sampling）」である．この手続きでは，まず，母集団を 1 次抽出単位（都道府県や市区町村など）にわけ，その 1 次抽出単位のなかから，対象とする単位をランダムに選択した後，そこから標本を無作為に抽出する．この方法を使えば，無作為抽出の範囲が限定されるため，リストの準備など，標本抽出のコストが軽減される．

最近，新聞社などが行う世論調査では，標本抽出の手段として電話番号が用いられている．たとえば，朝日新聞社では，朝日ランダム・デジット・ダイヤリング（RDD）方式と呼ばれている標本抽出の方法が採用されている．朝日新聞社のウェブサイト（http://www.asahi.com/special/08003/rdd.html）によれば，朝日 RDD 方式では，10 桁の電話番号のうち，実際に使われている市外局番を含む上 8 桁の番号を保存したリストのなかから，調査に使う上 8 桁の番号を無作為に選び，残りの下 2 桁を 00〜99 の範囲で乱数を発生させて 10 桁の番号を作り出すという手法で，標本抽出を行っている．手続き的には，2 段抽出による単純無作為抽出ということになる．

しかし，電話番号を無作為抽出の対象としている点，リストを入手する必要がないなど実施上の利点は大きいものの，母集団を代表する標本を得ているかという疑念は，つねにつきまとう．たとえば，電話のかかってきた世帯のなかで一人が回答する方式では，回答者に偏りが生じる可能性があるし，そもそも一人暮らし世帯の人の方が回答者に選ばれる確率が高くなることが予想される．さらに，固定電話をベースに標本が抽出されているため，携帯電話以外，固定電話をもたない若い世代の回答者につながる確率が 0 に等しい．朝日新聞社では，これらの偏りを補正する工夫を行っているようであるが（詳細は先のウェブサイトを参照されたい），やはり標本の代表性については議論の余地があるといえよう．

層別抽出法

もう一つ，無作為抽出の手法を紹介する．

例：ある食品会社では，消費者の意見を調査して今後の商品（カップラーメ

ン）開発の検討材料とすることが決まった．年齢（若年齢層，中年齢層，高年齢層），性別により，カップラーメンに対する嗜好が異なることが予想された．カップラーメンの消費者の内訳を調べたところ，若年齢層6割（男：女＝2：1），中年齢層3割（男：女＝1：1），高年齢層1割（男：女＝2：3）であることがわかった．そこで，この割合に従って，全体で1,000人の標本を，若年齢層の男性400人，女性200人，中年齢層の男性150人，女性150人，そして高年齢層の男性40人，女性60人に分け，社内の顧客データベースから該当する顧客をランダムに選び出し，調査票を郵送した．

　これは，層別（無作為）抽出（stratified sampling）法の一例である．ここで「層」と呼んでいるのは，母集団のサブグループのことである．調査結果に影響する可能性の高い属性に着目してサブグループを構成し，その母集団での構成比率にしたがって，各サブグループからランダムに標本を抽出する．この手法を用いれば，先の単純無作為抽出よりも精度の高いデータを得ることができる．さらに，各サブグループに十分な標本数を確保できれば，たとえば，若年層の男性は，最もボリューム感のある商品を好むが，若年層の女性は逆に最もカロリーを気にするなど，グループ間の比較により，その特徴を把握しやすい利点がある．

　反面，意味のある属性を見つけ適切なサブグループを構成する難しさや，手続きの複雑さなど，実施するうえで，調査者の技量が問われることや，サブグループの人数を十分確保するために，比較的多数のサンプルを確保する必要があることなどのマイナス面もある．

有意抽出法

　前項までの無作為抽出法と有意抽出（purposive selection）法の基本的な相違は，無作為抽出では，母集団の構成員が皆等しく標本として抽出される可能性をもっているのに対し，有意抽出では，標本として抽出される可能性は等しくない，あえていえば，特定の人だけが抽出される手法であるという点にある．たとえば，雑誌に添付されたアンケートで寄せられた読者の意見は，その雑誌の読者であるということですでに偏った世代や嗜好をもった人たちの集まりであり，一般的な対象（たとえば有権者や若者など）を代表する標本にはなりえない．さらにいえば，アンケート葉書を投函するという行為は，その雑誌の読者のなかでも特定の層に限られるため，読者全体を代表する標本ともいいきれない．

　有意抽出法では，無作為抽出法と違い，とくに定まった標本抽出の手続きがあるわけではない．調査によりデータ収集の手続きはさまざまである．共通するのは，集まってくる標本に「作為」があるという点である．したがって，有意抽出された標本から得られたデータを，先に述べた無作為抽出のように，母集団を代表するデータとして取り扱うことはできない．この意味で，母集団の

特性をできるだけ正確に推測しようとすれば，無作為抽出法によるしかない．

　有意抽出法の利点は，その手軽さと低コストにある．雑誌の葉書や店におかれた意見箱，集会の際配られるアンケートなど，手間暇をかけることなくデータを収集することができる．この低コストであるという利点を積極的に生かすとすれば，調査を繰り返し実施することで，地域や季節による相違，あるいは時系列的な変動など，さまざまな角度から問題を吟味する場合に有効な手法となりえる．ただし，どのような手続きを用いたとしても，有意抽出法により得られたデータは，無作為抽出法によるものと比べて，よりいっそう，結果の解釈に慎重を期する必要があることはいうまでもない．

に分析を総称して探索的データ解析と名づけることができる．第Ⅱ部では，探索的データ解析の事例とその統計手法が紹介されている．

　第二に，統計分析は，仮説を検証するためのきわめて有用な手段である．本章でも紹介した統計的検定の方法は，まさしく仮説の真偽をデータから確かめるための手法であり，また，後に紹介するように，複雑な要因間のかかわりをモデル化し，その妥当性について検討する手法も考案されている．さらに，統計手法により得た結論については，用いた手法の限界や手続き上の誤りを指摘するか，同じく統計手法を用いた論証により反論するしかなく，この意味でも，強力な検証のための手段であるといえる．これらの統計手法を，先の探索的データ解析に対して，検証的データ解析と総称することができるだろう．第Ⅲ部では，検証的データ解析の事例とその統計手法が紹介されている．

　統計分析の三つめの役割が，エビデンスの提供である．行政機関の政策決定あるいは民間企業の戦略決定においても，統計分析は価値ある情報を提供することができる．ビッグデータという言葉がマスコミをにぎわすようになって久しいが，データ分析から政策や戦略決定の指針を得ている組織の数は，近年のIT技術の進歩とともに急増している．ただ，最新のIT機器を備えているだけで正しいエビデンスを引き出せるわけではない．ここでも，統計手法についての正しい理解が求められている．第Ⅳ部では，統計分析により得られたエビデンスの読み方と利用の仕方についての事例とその統計手法が紹介されている．

　本章では，統計学の入門者として本書を手にとった読者が，メインパートである第Ⅱ部から第Ⅳ部を読む前に，支障なく「さっと」一読できるような記述を心がけた．そのため，数式や詳細な統計分析の手続きなど，省略した部分も少なく

ない．以下に推薦図書を掲載したので，説明が不十分だと感じた方，あるいはもっと詳細を学んでみたいと思われた方は，これらの本を手にとっていただきたい．

注1 手元のデータ（標本データ）のばらつきは，式（1.1）で計算されるが，標本データから母集団の標準偏差を推定する場合は，以下の式のように，分母が n ではなく $n-1$ となる（この説明は，推薦図書にあげた『Q&A で知る統計データ解析（第2版）』などを参照されたい）．

$$\frac{\sqrt{(x_1-x)^2+(x_2-x)^2+\cdots+(x_n-x)^2}}{n-1}$$

統計手法を用いて何かを論じる場合，焦点となっているのは標本の性質ではなく，それが代表する母集団の性質なので，通常，分母を $n-1$ とする不偏標準偏差を標準偏差の値として用いる．なお，平均値では，母集団の平均値を推定する場合でも，n を分母とした計算式が用いられる．

注2 χ^2＝（東京・そばの観測値－東京・そばの期待値）^{2}/東京・そばの期待値＋（大阪・そばの観測値－大阪・そばの期待値）^{2}/大阪・そばの期待値＋……＋（福岡・ラーメンの観測値－福岡・ラーメンの期待値）^{2}/福岡・ラーメンの期待値

$$\chi^2=2{,}582.085, \quad 自由度=(3-1)\times(3-1)=4$$

有意水準（危険率）を 5% 設定した場合，自由度 4 の χ^2 の臨界値は 9.49 なので，「麺類の売り上げと店舗所在地の間に関連がない（二つのデータは独立している）」という帰無仮説は棄却され，5% の有意水準（危険率）で「麺類の売り上げは店舗所在地と関連がある」と結論できる．

推薦図書

【初級者】
- 熊原啓作・渡辺美智子『身近な統計』放送大学教育振興会，2012 年．
  放送大学の教材であるが，自習書としてもわかりやすくまとめられている．付録の DVD には，各章の内容をわかりやすく実践できる Microsoft Excel 用のファイルなどが収録されている．
- 上田尚一『統計データの見方・使い方』朝倉書店，1981 年．
  比率の見方・求め方，さらには，それを，フローで見る場合，ストックで見る場合の違いなどについて丹念に説明している．ここまで比率にこだわった統計の入門書は類がなく，さまざまな統計指標の見方・使い方を理解するうえで最適の書といえる．

【中・上級者】
- 繁桝算男・柳井晴夫・森　敏昭（編著）『Q&A で知る統計データ解析（第2版）』サイエンス社，2008 年．
  統計についてある程度まとまった知識をもっている人が，学習や分析の際に感じる疑問点について，Q&A 形式で平易に説明している．関心のある部分を拾い読みできる気軽さがよい．

- 永田 靖『統計的方法のしくみ―正しく理解するための 30 の急所―』日科技連出版社，1996 年．

 ふつうの入門書では，記述が省かれている（避けられている？）事項について，ページ数をさいて解説がなされている．わかったようで，わかっていなかった"急所"について理解を深めることができる．

II
データから探る
―探索的データ解析―

　問題解決は，問題が存在することを私たちが認識し，それについて考えることからスタートする．しかし，私たちの知識には限度があり，また，思考のプロセスは時として，個人の価値観や思い込みにとらわれていることも少なくない．まず，解決すべき問題の現状を認識するために，多様な情報を収集，整理することで，問題をより幅広く，客観的にとらえ直すことができる．問題を取り巻く状況を認識し，仮説を構成するためのデータを収集し，分析することを総称して探索的データ解析と名付けることができる．第 II 部では，探索的データ解析の事例とその統計手法が紹介されている．

情報の検索

　インターネットの普及により，私たちが手に入れることのできる情報量は飛躍的に増大した．何かを購入するとき，どこかへ出かけるとき，まずはネット上の情報源を検索することが私たちの習慣となっている．一般的な情報はもとより本書で扱う統計情報であっても，今や主要な情報源はインターネット上にある．

　インターネットで Google や Yahoo! 等の検索ページを利用しない人はいない．統計情報についても，適切なキーワードさえ入力すれば，これらのページから目的とする情報にたどりつくことができる．しかし，たとえば，男女の働き方の違いを示す統計情報を調べたいときはどうであろうか．そもそもどのような調査が行われ，どのようなデータを検索すればよいかなど，適切なキーワードを探すのに時間を費やすことになるかもしれない．このようなとき，一般的な検索サイトを利用するよりも，ネット上で手に入る各種統計情報を一覧できる専門情報サイトを利用する方がはるかに効率的であり，大きな収穫が期待できる．

最も膨大かつ有用な統計情報が集積されているのが，『政府統計の総合窓口 (e-Stat)』(http://www.e-stat.go.jp/SG1/estat/eStatTopPortal.do) である．少し前までは，教育関係の統計なら文部科学省，労働関係なら厚生労働省というぐあいに散在していた統計情報を 1 カ所にまとめて提供しているのが，このサイトである．「国勢調査」や「賃金構造基本統計調査」など，政府が実施する代表的な調査を検索し，必要に応じてエクセルファイル形式などでデータ（おもに集計結果）をダウンロードすることができる．

『調査のチカラ』(http://chosa.itmedia.co.jp/) は，国内の民間調査会社等が実施した社会調査へのリンクがまとめられているサイトである．政府機関の調査に比べると，掲載されている調査の規模や質は劣るが，たとえば，スマートフォンで利用されているコミュニケーションアプリの実態調査や 30 代独身男女の結婚観など，硬軟とりまぜた政府統計にはない多様な統計情報，社会調査の結果が収集されている．

日本のデータにとどまらず，諸外国のデータを検討したい向きには，OECD 加盟国の主要統計 (http://stats.oecd.org) が有用である．OECD とは Organisation for Economic Co-operation and Development（経済協力開発機構）の略号で，先進国間の経済成長や貿易，さらには途上国支援の問題について話し合い，協力し合うための組織である．主要な先進国の統計情報を比較することによって，わが国が抱える政治的，経済的な課題を把握することができる．

個票データの入手

インターネット上で公開されているデータのほとんどは，収集されたデータそのものではなく，その集計結果である．これらは，調査実施者の問題意識にしたがってまとめられたものであるため，公開されているデータを異なった観点から集計し直すことはできない．たとえば，ある社会調査の結果が，男女ごと，地域ごとに集計された表で公開されていた場合，世代間の分析が必要だと考える者にとっては，このままの形では，この情報を利用することはできない．調査実施者とは異なる問題意識で，新たな集計を行いたい場合には，集計前の元データ（個票データ）が必要である．

社会調査の個票データを収集・保管し，学術目的で提供する仕組みはデータ

アーカイブと呼ばれている．欧米では，この種のデータアーカイブが早くから設立され，学術研究や教育に寄与してきた．わが国でも，東京大学社会科学研究所附属社会調査・データアーカイブ研究センターが，SSJ（Social Science Japan）データアーカイブに，過去に行われた数多くの社会調査データを蓄積している．ただし，SSJデータアーカイブは，インターネット上でだれでも自由にダウンロードできる形ではない．データ提供を受けるには，センター宛に申請書を提出し，許可を受けなければならない（詳細はSSJデータアーカイブ（http://ssjda.iss.u-tokyo.ac.jp/）参照）．

第Ⅱ部の内容

　第Ⅱ部では，「データから探る―探索的データ解析―」と題して二つの章をおさめている

　第2章「海外のデータベースを使う」の事例編では，米国国勢調査の個票データの分析例が紹介されている．インターネットが発達した今，わが国だけではなく，海外の個票データを使って分析することも可能である．本章では，米国国勢調査のオンライン個票データを使って，米国に移住した外国人世帯の生活状況について，都市部（ロサンゼルス近郊）での居住地の分布などから分析を行い，米国が直面する移民政策の課題について検討している．

　解説編では，事例編で用いた米国国勢調査の個票データアーカイブであるIPUMS USA（Integrated Public Use Microdata Series USA）の使用法と注意点が詳細に説明されている．また，個票データの提供という点では，わが国は，欧米に遅れをとってきたが，近年，政府統計の個票データが一部提供されるようになってきた．本章ではその現状についても言及している．

　第3章「マップとデータを結合する」の事例編では，地図データを利用した解析例が紹介されている．いうまでもなく，ネット上の情報は，文字や数値だけではない．映像や写真などあらゆる媒体の情報を検索，閲覧することが可能である．その中でも，Googleマップに代表される地図情報は，かつてない利便性を私たちの生活にもたらしたといえるだろう．本章では，近年急速に増加し，環境や治安あるいは防災面での悪影響が懸念されている空き屋の実態について，ネット上の地図データと数値データを組み合わせることで，空き屋の地理的な広がりや地域間の比較を，表やグラフなど，従来のデータ集計法よりも，はるかに直感

的に把握しやすい形で集計・分析を行っている.

　解説編では,ウェブ上で公開されている地理情報,WebGIS (Geographic Information System) の利用法について,総務省統計局・政府統計の総合窓口にある「統計GIS」を使い,政府による膨大な公的統計調査と地理情報システムを組み合わせて分析する手法を詳細に説明している.

2. 海外のデータベースを使う

●式　王美子

2.1　[事例編] 新来外国人の増加と都市への影響：ロサンゼルスにおける分析

　近年日本では，少子化の進行により人口減少社会へと移行しつつある．この人口減少化は，これまで人口の増加により成長してきた日本の都市地域において，空家問題などの新たな都市問題を生み出している．一方，20年前と比較して人口が急速に増加したグループがいる．日本に滞在する外国人である．

　人口減少下の日本において，外国人の増加は都市にどのような影響を及ぼすのだろうか．来日している外国人はどのような居住生活を送っているのだろうか．しかし残念ながら，現在日本には来日している外国人の居住状況を把握するのは難しい．外国人に関する統計データが数少ないためである．

　そこで，本節では外国人データが充実している米国の国勢調査のデータを使用して，海外都市のなかでも，外国人の流入が多い都市ロサンゼルスを対象に，外国人の生活・居住状況について調べることにする．

2.1.1　日本における外国人の増加

　図2.1は1990年から2010年までの登録外国人数を示したグラフであるが，外国人の数は，1990年と比較して2010年には約2倍に増加している（しかしながら，2009年以降少しずつ外国人登録者数は減少しており，今後の動向が注目される）．

　一般的に，外国人研究では第2次世界大戦前後に来日し居住している外国人を「オールドカマー」，1980年代以降に来日した外国人を「ニューカマー」と呼ぶ．ニューカマーのなかでもとくに最近（過去5年間に）来日した外国人（以降「新来外国人」）とはどのような人々であろうか（ここでは過去5年間に来日した外

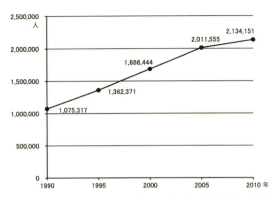

図 2.1 1990 年から 2010 年までの外国人登録者数の変化
出入国管理統計（総務省統計研修所，2013）[1] をもとに作成．

国人を新来外国人と呼ぶことにする）．図 2.2 は，2010 年の国勢調査をもとに，日本に居住する外国人と新来外国人数をグラフ化したものである．グラフは，濃色で示してある新来外国人が多い順に国籍を並べてある．この図をみると，オールドカマーの外国人の主流を占める朝鮮・韓国国籍の外国人は，必ずしも新来外国人としては多くはなく，新来外国人そして全体の外国人の数が多いのは中国人であることがわかる．中国人の次が，その他の国籍，フィリピン，韓国・朝鮮，ブラジルと続く．これらの上位国籍に比べると数は多くはないが，ベトナム人，

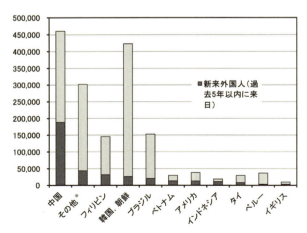

図 2.2 国籍別の外国人および新来外国人数（新来外国人数による降順）
平成 22 年国勢調査人口移動集計データより作成．＊：無国籍および国名「不詳」を含む．

インドネシア人においては新来外国人の割合が高いことがグラフから読み取れる.

2.1.2 外国人の滞在年数や出身国による生活状況の差異

これらの統計データから,近年日本では外国人の数が増加しており,その出身国もアジアと南米を中心に多様化していることが読み取れる.これらの来日する外国人の多くが都市部地域に居住し,都市サービスや住宅市場,地域生活に影響を及ぼすものと思われる.外国人の流入は,人口減少傾向にある日本において,ある意味地域活性化のチャンスととらえることもできる.その一方で,来日して年数の浅い新来外国人は,文化・言語・法的な地位の問題から生活状況が安定しない面もあり,地域生活での支援を要する側面もある.

このようなことから,近年増加する外国人のなかでも,とくに,新来外国人の生活状況を把握することは,都市政策を考える上で重要な研究課題といえる.具体的には,都市地域の外国人について以下の2点について調べていく.

①外国人の滞在年数により都市での生活状況はどのように変化するのか.
②出身国によって外国人の都市での生活状況はどのように異なるのか.

しかし残念ながら,これらの研究の問いに答えることができるような外国人に関する統計データはきわめて少ない.外国人に関する公的データがあったとしても,新来外国人を確認できるような詳細な項目に関しては調査されていない(注1)(2.2.2項参照).

2.1.3 海外データの活用:移民大国米国・ロサンゼルス

公的データの不整備という問題に対する一つの解決手段が,海外データの活用である.もちろん日本に来る外国人と他の国に行く外国人,また国ごとの地域生活の違いがあるので,海外での調査結果を日本の事例にそのまま敷衍できることはないかもしれない.しかし,海外の都市の状況であったとしても,現在日本での情報に乏しい新来外国人の生活状況について海外から情報を得ることは,今後日本での研究を発展させていく上での貴重な機会であるといえる.

今回,本節では米国国勢調査のオンライン個票データを使用して,移民大国米国のなかでも外国人人口がとくに多い都市,カリフォルニア州ロサンゼルスを対象に,新来外国人の都市生活の状況について分析する.以下,使用する調査デー

タ・研究方法について簡略に説明し，研究対象地であるロサンゼルスについて概略したのち，(1) 滞在年数による生活状況の変化，(2) 出身国による生活状況の変化について分析結果を考察する．

2.1.4 研究手法・用語の解説

本項においては，外国人の移住後の年数に着目し，ロサンゼルス都市圏における在米年数の短い新来外国人世帯の生活状況について2000年の米国国勢調査の集計データ（Summary File 3: SF3）および5%サンプルの個票データ（Integrated Public Use Microdata Samples: IPUMS）（Rugglesら，2009）[2]を使用して分析を行う（SF3，IPUMSについては2.2節を参照）．これらのデータを使用して，割合や平均などの記述統計による分析を行い，外国人の滞在年数や国籍別に彼らの都市での生活状況について明らかにする．

ここで，「外国人」という言葉について説明する．米国の移民研究では一般的に，「外国人」とは外国生まれの人々（foreign born）を指す．外国人には米国国籍取得者（naturalized citizens）や永住権（いわゆるグリーンカード）所持者（permanent residents）も含まれる．したがって，本節で使用している「外国人」とは外国出身の米国居住者であり，日本の統計のように国籍によって「外国人」を定義しているわけではない．

ロサンゼルスは，米国カリフォルニア州の南部に位置している．2.1節で対象とする地域は，人口約980万人を擁するロサンゼルス都市圏（注2）であり，米国における人口規模第2位の人口約380万人のロサンゼルス市を含む．

ロサンゼルスは，外国人人口が非常に多いことでも知られており，2010年の国勢調査（American Community Survey 2010）の集計表によると，ロサンゼルス都市圏に占める外国人の割合は約35.5%であり，ロサンゼルス市に至っては外国人率が40%となり，外国人はロサンゼルスの人口の半分に迫る勢いである．主要な外国人グループは，ヒスパニックと呼ばれる中南米出身のスペイン語を母語とする外国人グループであり，60%近くを占める．なかでもカリフォルニア州と国境を接するメキシコ出身者が多い．ヒスパニック系の次に多いのがアジア系外国人であり，外国人全体の約4分の1を占める．最も多いアジア系外国人は，中国出身者（台湾を除く）であり，ついでフィリピン，韓国，ベトナム出身者が続く．ロサンゼルスは全米の都市のなかでも際立ってアジア系外国人が多

い都市である.

2.1.5 外国人の滞在年数と生活状況

早速,米国国勢調査の個票データを集計して,ロサンゼルスに居住する外国人の生活状況を分析することする.表 2.1 はその分析結果をまとめたものである.外国人の生活状況を表すものとして,六つの指標について調査している.まずは,言語能力としての英語力,次に,法的な滞在ステータスを表す米国国籍取得率,そして経済力としての世帯収入を取り上げる.続いて,都市生活の状況を表す指標として,居住地選択を表す中心市(ロサンゼルス市)居住人口の割合,持家率,公共交通機関利用率をみる.

(1) 外国人の社会経済状況

英語力をみてみると,渡米後 0～5 年の外国人においては,英語が不自由な人の割合は約 52％ と半分以上にもなる.しかし,滞在年数が伸びるにつれて英語が不自由な外国人の割合は減少し,21 年以上になると約 4 分の 1 にまで減る.これらの結果からは,外国人でもとくに新来外国人では現地で生活をする上で抱える言葉の壁の問題が大きいことを表しており,また滞在年数が長くなると言語習得はある程度進むが,それでも 20 年の年月を経てなお 4 人に 1 人の外国人が

表 2.1 ロサンゼルス都市圏に居住する外国人の在米年数別の生活状況

	外国人[a] の在米年数					米国人[b]
	0～5 年	6～10 年	11～15 年	16～20 年	21 年以上	
英語が不自由な人口の割合（％）	51.7	40.7	37.9	33.8	27.6	—
市民権取得人口の割合（％）	6.1	18.0	30.0	50.3	66.6	—
世帯収入平均（ドル）	36,475	40,923	44,357	51,430	59,038	50,673
中心市[c] 居住人口の割合（％）	47.3	46.6	45.2	43.6	39.0	36.0
持家世帯率（％）	11.1	19.2	28.8	40.6	57.6	53.2
通勤時公共交通機関利用人口率（％）	22.7	14.1	9.8	7.6	5.9	4.1

2000 年米国国勢調査個票データを集計して作成(式,2011)[3].
a：外国人とは外国出生者（foreign born）を指し,永住権や米国籍を取得した者も含む.
b：米国人（native born）とは米国出生の米国国籍保持者と,米国籍の親をもち海外で出生した米国国籍保持者を指す.
c：中心市とはロサンゼルス市を指す.

英語の不自由さを感じているという言語問題の根深さを垣間見ることができる．次に，市民権（国籍）の取得状況だが，滞在年数が伸びるに連れて，飛躍的に市民権取得率が伸びている．滞在年数が5年以下では6％だったのが，10年を超えると30％になり，16年以上では50％を超える．だいたい10年ぐらい居住していると外国人の約3分の1が市民権を取得しているというのは移民大国ならではの速さではないだろうか．世帯収入を見てみると，新来外国人においては3万6千ドルと，米国人世帯平均の5万ドルをかなり下回るが，滞在年数15年を超えると米国人の世帯年収を超え始める．外国人といえば厳しい労働環境のなか社会経済的に苦しい状況に立たされているイメージが強いかもしれないが，在米年数が長くなるにつれて法的な労働・滞在ステータスが安定することに伴って米国社会のなかで社会経済的地位も向上していく様子がうかがえる．

(2) 外国人の都市居住状況

続いて，都市生活の指標をみていくが，ここで「中心市」などの米国の都市構造について少々解説を加えたい．「中心市」とは，ロサンゼルス都市圏で中心的な地位にあるロサンゼルス市を指す（注2）．中心市での生活をイメージするには，日本語でいうところの「都心居住」を思い浮かべていただきたい．ロサンゼルス市は，市外地域と比較すると一般的に古くから発達した市街地であり人口密度が高く，企業も多く立地している．また公共交通なども比較的発達しているなど都市サービスが充実している．しかし，日本の都心と大きく異なる点は，一般的な米国人に人気がないことである．歴史的に，中心市は，米国にやってくる移民や非白人世帯の居住地という位置づけがあり，それに伴う貧困や人種摩擦などの複合的な社会問題とも相まって一般的に米国人から敬遠されてきた経緯がある．このような背景を理解した上で，外国人の中心市居住人口の割合をみてみると，新来外国人においては約半数が中心市に居住しており，滞在歴が長くなるとその傾向は弱まるが，米国人全体の中心市居住の割合が36％であるのと比較して，21年以上滞在した場合でも39％と幾分米国人よりも高い割合となっている．

持ち家世帯率の平均は，新来外国人においては11％と，米国人世帯の平均の53％と比較すると低い数である（とはいえ，渡米5年以内に10人に1人は住宅を取得しているということはある意味高い数値ともいえる）．しかし，世帯収入と同様，滞在年数が延びるにつれて住宅取得率は上昇し，21年以上で約57％と

なり米国人平均を超える．対照的に，公共交通機関利用率は，新来外国人において 22.7％と米国人の 4.1％と比較してきわめて高い数字となっている．これは，新来外国人が世帯収入が低くかつ公共交通サービスが充実している中心市に居住する傾向にあることと関連している．しかし，やはり滞在年数が伸びるに連れて数値は減少する．とくに滞在年数 6 年目以降，利用率が大幅に下がりその後も減少幅を狭めながら下っていく．しかし，滞在年数が 21 年を超えても利用率は 5.9％と米国人平均よりも高い数値を維持している．

これらの分析の結果から，外国人の生活状況は滞在年数によって劇的に変化することが明らかになった（注 3）．基本的に，新来外国人においては言語や文化の違いによる問題を抱え，社会経済的状態や居住地また生活状況が米国人とは異なるが，滞在年数が長くなるに連れてある程度は，現地の平均的な生活状況に収斂していく．

2.1.6 外国人の出身国別の生活状況

これまで外国人全体の傾向を見てきたが，次に出身国の違いによる生活状況の違いについてみていきたい．表 2.2 はロサンゼルス都市圏のヒスパニック系とアジア系外国人の社会経済状況をまとめたものである．

ヒスパニック系とアジア系と外国人の大きな違いは，高校卒業者の割合によく表れる．ヒスパニック系外国人においては，高校を卒業していない大人（25 歳以上）の割合が 68％に達している．これに対し，アジア系外国人において高校を卒業していない大人の割合は 25％にとどまり，高校を卒業している大人の割合が高い．とくに，韓国系と台湾系外国人における高卒未満の割合は低く，韓国系では 13％，台湾系で 8％と，米国人の 15％よりも低い数字となっている．このことから，アジア系外国人の相対的に高学歴な特性がうかがえる．

英語の習得率については，英語に不自由している人口はヒスパニック系外国人の場合は 46％，アジア系外国人の場合は 27％である．英語を公用語とする東南アジア系や南アジア系の人口や教育歴を反映してか，アジア系外国人の方が，英語に不自由している人口の割合が少ない．しかしながら，東アジア系外国人（中国，台湾，韓国）の英語に不自由している人口の割合はそれぞれ 36％，30％，41％と，比較的高学歴の東アジア系も英語の習得には苦労している様子がうかがえる．また，法的な滞在地位は外国人の仕事や居住の安定化にとって重要な要

表 2.2 ロサンゼルス都市圏に居住するヒスパニック系とアジア系外国人の生活状況

	米国人[b]	外国人[a]					
		全体	ヒスパニック系	アジア系			
				全体	中国系(本土・香港)	台湾系	韓国系
外国人人口に占める割合(%)	—	100.0	60.3	23.1	6.1	0.9	4.2
個人世帯特性							
平均年齢(歳)	30.1	38.8	35.7	42.0	43.5	39.5	41.8
平均世帯員数(人)	2.4	3.8	4.4	3.2	3.2	3.2	2.9
高卒未満の大人の割合(%)	14.5	48.0	68.1	24.9	27.3	8.0	13.4
外国人特性							
英語が不自由な人口の割合(%)	—	36.9	46.4	27.0	36.1	30.2	40.7
市民権取得人口の割合(%)	—	37.9	27.0	53.8	58.1	51.8	44.5
経済特性							
平均世帯年収(ドル)	68,239	50,673	40,925	61,377	62,519	70,185	49,604
中心市[c]居住人口の割合(%)	36	43.7	45.9	33.2	19.8	9.1	50.3

2000年米国国勢調査個票データを集計して作成(式、2010)[4]。
a: 外国人とは外国出生者(foreign born)を指し、永住権や米国籍を取得した者も含む。ヒスパニック系、アジア系のほかにヨーロッパ系、アフリカ系がいる。
b: 米国人(native born)とは米国出生の米国国籍保持者と米国籍の親を持ち海外で出生した米国国籍保持者を指す。
c: 中心市とはロサンゼルス市を指す。

素であるが、外国人のなかですでに市民権を取得し米国に帰化している人口の割合は、ヒスパニック系で27%、アジア系では54%となっており、アジア系においては中国系の市民権取得率が58%と高い。

世帯年収の点では、米国人の平均年収の$68,239と比較して、外国人の平均年収は$50,673と低い。なかでもヒスパニック系の年収は最も低く、$40,925である。一方、アジア系の平均年収は比較的高く、$61,377である。なかでも中国系の平均年収は$62,377と米国人の平均年収に匹敵する高さであり、台湾系の場合は$70,185と米国人の平均年収よりも高い。中国系と比較して韓国系の平均年収は低く、$49,604となっている。

2.1.7　外国人の出身国別の都市居住の状況

このように外国人といっても出身国によって教育レベル、言語習得状況、法的な滞在ステータスや、所得などの状況が大きく異なることがわかる。これらの社

会経済状況をふまえて，次に彼らの都市居住の状況を分析していく．

(1) 出身国別の外国人の居住地の違い

まず，出身国別に居住地の選択傾向をみる．図 2.3 はロサンゼルス都市圏における米国人，ヒスパニック系外国人，中国系人口（本土・香港・台湾系），韓国系人口の地理的分布を表している（韓国系と中国系人口の場合は米国人と外国人の両方の人口を含む）．図 (a) と図 (b) では Census Tracts 単位で集計されたデータを，図 (c) と図 (d) は個票データを Public Use Microdata Areas

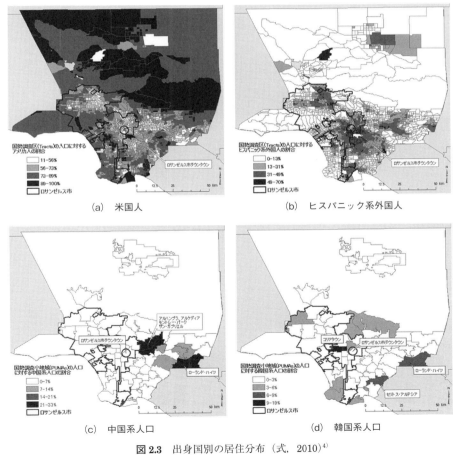

(a) 米国人　　(b) ヒスパニック系外国人

(c) 中国系人口　　(d) 韓国系人口

図 2.3　出身国別の居住分布（式，2010)[4)]
(a) と (b) は 2000 年国勢調査 SF3 のデータ，(c) と (d) は同個票データを使用して地図を作成．

(PUMAs) で集計したデータを地理情報システムソフトを使用して地図化したものである（注4）（マップ（地理情報）の活用法については第3章を参照）．

　これらの地図を比較すると，米国人と比較して，ヒスパニック系外国人はロサンゼルス市の中心部に居住する傾向があることがわかる．対照的に，中国系人口は郊外居住傾向が高く，ロサンゼルス市の東側に隣接した地域に集中して居住している．この地域は，ダウンタウン（都心部）に存在するチャイナタウンと対比させて郊外チャイナタウン（suburban chinatown）と呼ばれる[5]．この郊外チャイナタウン地域では，地域人口の 20〜30％ が中国系住民である．中国系人口と対照的に，韓国系人口の集中が高いのは，ロサンゼルス市ダウンの西に位置するコリアタウンである．コリアタウンにおいては，地域人口の約 10〜20％ が韓国系住民である．

　外国人グループの中心市居住傾向を在米年数別に比較すると（図 2.4），ヒスパニック系の新来外国人の場合 51％ が中心市に居住し，滞在年数が長くなるにつれて中心市居住傾向が低くなる．アジア系外国人を中国系と韓国系に分けて分析すると，異なった居住地選択パターンをもっていることがわかる．中国系の場合は，新来外国人の中心市居住率が最も低く 16.3％ であり，渡米から最初の 15 年は中心市居住傾向が低いが，その後は中心市に居住する割合が高くなる．韓国系新来外国人の場合は，ヒスパニック系新来外国人よりもさらに中心都市居住傾向が強く，在米 5 年以内では人口の 58％ が中心市に居住している．しかし，渡米から 6〜10 年の間に急速に郊外居住が進み，中心市居住の割合は 49％ に落ちる．その後緩やかに郊外居住が進行する．

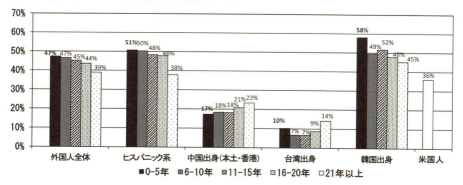

図 2.4　出身国・在米年数別の外国人の中心市居住人口の割合（式，2010）[4]
　　　　2000 年米国国勢調査個票データを集計して作成．

(2) 出身国別の住宅所有・公共交通の利用状況

続いて在米年数別に外国人グループの住宅所有（図2.5）・公共交通利用（図2.6）についてみる．住宅所有について際立っているのは，他の外国人グループと比較した場合の中国・台湾出身外国人の持家率の高さである．もちろん，渡米後まもない期間は持家率が低いがそれでも30％に近い数字であり，ヒスパニック系や韓国出身の10％未満と比較すると，非常に高いことがわかる．このような中国系外国人の持家率の高さは，彼らの郊外居住の傾向とも関連している．対照的に，とくに渡米後間もない時期に都市部居住の傾向が強いヒスパニック系と韓国出身の場合は，持家率も低い傾向にあるといえる．

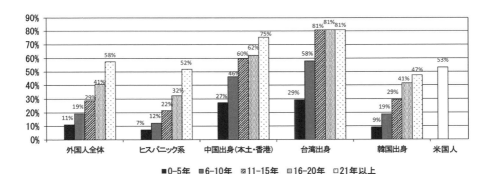

図2.5　出身国・在米年数別の外国人の持家率
2000年米国国勢調査個票データを新規に集計して作成．

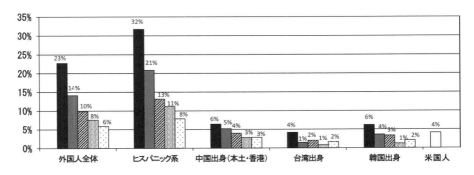

図2.6　出身国・在米年数別の外国人の公共交通機関利用率
2000年米国国勢調査個票データを新規に集計して作成．

居住地選択は，公共交通機関の利用率の違いにも影響を及ぼす．公共交通機関の利用率が高いのは，ヒスパニック系外国人である．とくに，ヒスパニック系の新来外国人においては公共交通機関利用率が約32%と，先述した米国人の4%と比較して突出して高い数字となっている．また，滞在期間が長いグループにおいても比較的高い公共交通利用率を保っているのも特徴的である．このヒスパニック系の高い公共交通利用傾向は，彼らがロサンゼルス市のなかでも都心部に集住していることや低い社会経済的状況と関係していると思われる．一方，アジア系の外国人においては，中国系そしてロサンゼルス市に居住する傾向にある韓国系でも，渡米直後は幾分公共交通機関の利用率が高いが，基本的に利用率は軒並み低いことがわかる．

2.1.8　まとめ：個票データが明らかにする詳細な都市生活の状況

今回，外国人に関する情報が多い米国国勢調査の個票データを用い，渡米まもない新来外国人に着目しながら，ロサンゼルスにおける外国人の生活状況を分析した．そこで明らかになったのは，長期的な米国滞在を通して成し遂げられる外国人居住者のダイナミックな社会経済状況の上昇である．外国人居住者というと異国のなかで苦労して生活している人々という印象がある．確かに新来外国人をみてみると，米国人と比較して所得が低く，英語が苦手で法的な滞在地位も不安定な人が多い．しかし米国滞在も10年，20年と長くなると彼らの生活状況も米国人と変わらなくなっていく（注5）．

また，出身国により状況が大きく異なることもわかった．とくに，アジア系外国人は高学歴の人々が多く，実際台湾や韓国出身の外国人は教育レベルが米国人と同じかより高く，台湾出身外国人の場合は所得の平均が米国人を上回っている．

中国・台湾系の外国人の持家購買意欲は非常に高く，渡米後10年を超えると米国人の持家率を上回る．中国・台湾系の外国人の持家志向は，彼らの郊外居住と密接に関係していると思われる．対照的に，韓国出身の外国人は比較的持家率は低いが，その分都心居住傾向にあるのが特徴的である．外国人グループ全体として，渡米後20年を超えるとだいたい米国人の平均に近い持家率に達しており，ロサンゼルスにおける外国人の持家住宅市場に対する影響力は大きい．

また，外国人，とくに新来外国人の公共交通サービスへの影響力も大きい．ア

ジア系外国人は比較的公共交通機関を使用している割合は低いが，それでも渡米間もないころは公共交通機関に依存する傾向にある．これは自動車免許を取得するなどの手続きに時間がかかるほか，経済的に自動車所有が難しいためだろう．

このように外国人といっても出身国や滞在年数によって差があるが，都市生活という面でみると，住宅や公共交通などのさまざまな都市サービスへの需要を内包していることがわかる．米国の都市との社会経済的な仕組みは考慮しなければならないが，これらの外国人のもつ潜在的な需要は，減退が進行する日本の都市においても地域活性化の好機となる可能性を示唆している．来日間もない外国人の受け入れに関しては，言語や文化の違いなどからさまざまなサポートを必要とすることが多く，地域生活上の摩擦などがクローズアップされる傾向にある．しかしながら，たとえば，彼らの都心居住傾向などは有効に活用すれば，空き家や人口減少，民間および行政サービスの低下に悩む中心市街地や地方都市の活性化につながるだろう．さらには，滞在年数が長くなり生活に慣れて社会経済状況が向上していけば，彼らは日本の地域社会の重要な担い手となっていく可能性も秘めている．

このように米国の外国人データは，日本の統計データでは把握できない外国人居住者の地域経済の担い手としての姿を詳細に描きだし，日本の外国人居住と今後の都市の活性化政策の形成に資する重要な情報を提供してくれるのである．

注1 石川（2011）[6]は，日本における既存の政府統計の集計データをできる限り使用して外国人の状況を図表化して解説している．また，式（2014）[7]は既存の政府統計のオーダーメイド集計データを利用して，通常の集計データではできない新来外国人の住宅・居住地選択について分析を行っている（オーダーメイド集計については後述節を参照）．

注2 都市圏とは都市地域を表す統計上の地域区分であり，人口規模の大きい中心市（Central Cities）とその周辺地域（Suburbs）（日本での市町村）から成る．ロサンゼルス都市圏ではロサンゼルスカウンティ（郡）という行政地域を指す（正式名称は1999年の定義ではLos Angeles-Long Beach, CA PMSA（California Primary Metropolitan Statistical Area），最新の2013年の定義ではLos Angeles-Long Beach-Glendale, CA Metropolitan Division）．ロサンゼルス都市圏内には，2000年の国勢調査の定義では，ロサンゼルス市以外に，ロングビーチ市とパサディナ市が中心市として存在しているが，今回の研究では，ロサンゼルス都市圏の中心市を最大都市のロサンゼルス市のみとし，ロサンゼルス市以外の地域については周辺地域と定義している．

注 3 滞在年数だけでなく，年齢，教育歴また後述の出身国なども外国人の生活状況に影響を及ぼす．これらの数値をコントロール変数として分析した事例は式（2010）[4]を参照．

注 4 Census Tracts，PUMAs はいずれも米国国勢調査データを集計・公表する上での地域単位であり，Census Tracts は集計データ，PUMAs は個票データに使用されている．Census Tract の平均人口約 4,000 人であり，PUMA の人口は 10 万人以上となっている．個票データはデータの組み合わせから個人を特定できる可能性が高いため，地域単位が集計データよりも広域となっている．

注 5 今回の分析で使用した滞在年数は，2000 年の国勢調査時においてロサンゼルス都市圏に居住していた外国人の在米年数を表しているため，渡米年代コーホートによって滞米の長期化により生活状況がどのように変化するかは今後の研究課題として残る．

文 献

1) 総務省統計研修所（編）『総務省統計研修所』総務省統計局，2013 年.
2) Ruggles, Steven, Matthew Sobek, Trent Alexander, Catherine A. Fitch, Ronald Goeken, Patricia Kelly Hall, Miriam King, and Chad Ronnander, *Integrated Public Use Microdata Series*: Version 4.0 [*Machine-readable database*], Minneapolis, MN: Minnesota Population Center [producer and distributor], 2009.
3) 式　王美子「東京と大阪における新来外国人の地理的分布」『日本都市学会年報』44, pp. 138-144, 2011.
4) 式　王美子「ロサンゼルス都市圏における新来外国人の中心都市居住傾向」『日本都市学会年報』43, pp. 143-152, 2010.
5) Waldinger, Roger David and Mehdi Bozorgmehr, *Ethnic Los Angeles*, New York: Russell Sage Foundation, 1996.
6) 石川義孝（編）『地図でみる日本の外国人』ナカニシヤ出版，2011 年.
7) 式　王美子「新来外国人の住宅選択—平成 12 年国勢調査オーダーメイド集計データによる分析—」『日本都市学会年報』47, pp. 229-238, 2014.

2.2 ［解説編］海外研究の扉を開く：米国国勢調査の個票データアーカイブ IPUMS の活用

2.2.1 はじめに：オンライン・個票データの利用

社会調査の研究手法というと，アンケート調査をしたりインタビュー調査をしたりして，1 次データを収集・分析するということが思い浮かぶ．一方で，すでに収集された 2 次データを分析する研究方法も，近年盛んになってきている．2 次データへのアクセスが容易になってきていることが，研究増加の大きな要因で

ある．

　筆者の専門である都市政策の分野では 2 次データの活用が盛んである．研究では，町内会などのコミュニティレベルから市区町村や都道府県，都市圏レベルなどさまざまな空間単位レベルでの比較・分析を行う．たとえば都市圏レベルでの都市生活の動向を把握したい場合などは，規模の小さな研究プロジェクトで 1 次データの収集をするのは難しい．そのため政府統計などの 2 次データの活用は，都市政策研究を行う上で非常に重要になってくる．

　しかし，現在日本で公表されている政府統計データは集計データ（summary data）のみで，集計の元となっている個票データ（micro data）の一般利用は限られている．一方，海外に目を向けると米国では政府統計データの個票データのアーカイブ化やオンラインアクセスなどのデータ整備が進んでいる．また，データによっては変数の種類も充実しており，2.1 節で紹介したように研究テーマによっては海外データを使用して日本のデータでは明らかにできない「研究の問い」に挑むことも可能である．加えて，個票データの弱点である地域空間情報もある程度充実しているデータもあり，社会空間的な分析も可能である．

　2.2 節では，個票データの利用について概観し，個票データアーカイブの整備が進む米国において，とくに整備が進んでいる米国国勢調査の個票データのアーカイブである Integrated Public Use Microdata Series（IPUMS）の活用について解説する．

2.2.2　集計データと個票データ：個票データって何？

　個票データとは，先述したように，集計されていないデータであり，調査対象の個々のケースについて，調査の質問項目が入力されている状態のデータを指す．国勢調査の場合，調査対象は個人（とその世帯）であるが，日本の場合，そのデータは集計された形でしか入手できない（後述）．前章で扱った外国人の都市生活状況に関して，日本の国勢調査のデータを例に，集計データと個票データの違いについて説明する．

　2008 年より総務省統計局のウェブサイト『政府統計の総合窓口（e-Stat）』の本格運用が開始され，日本のさまざまな政府統計データがオンラインで容易に入手できるようになった．しかし，ここで入手できるデータは公表されている集計データのみである．日本の国勢調査は 5 年ごとに実施され 10 年ごとに大規模調

表 2.3　2010 年の国勢調査における外国人に関する集計データの項目リスト

人口，性別，年齢，配偶関係，国籍居住地，5 年前の居住地
教育，就業状態，職業，産業，従業上の地位
世帯数，世帯員数，世帯の種類
住宅の種類・床面積・建て方

査を行うが，2010 年の国勢調査において外国人に関して入手できる質問項目は表 2.3 のとおりである．

　これらの外国人に関して入手できる情報について，「こんなにも多くの情報がある」と思うか，「これだけの情報しかない」と思うのかは何の情報を知りたいかによって異なるだろう．実は，外国人かどうかにこだわらなければより多くの情報を得ることができる．たとえば，通勤手段についてはどうだろうか．国勢調査では，調査対象者に通勤手段について尋ねている．しかし，外国人の通勤手段については国勢調査では集計データがないので情報を入手できない．その他に，たとえば上記リストにある項目についても，5 年前の居住地と住宅に関する項目をクロス集計して，過去 5 年間に来日にした外国人がどのような住宅に住んでいるのかについて知りたい場合も情報を得ることができない．

　このように集計データとは，政府が集計項目として選択した項目のみの情報しか入手できないため，もしも研究としてその他の項目や複数の項目を重ね合わせた情報に関心がある場合は，そのような情報は入手することができない

2.2.3　日本の政府統計個票データの利用：オーダーメイド集計と匿名データ

　このように既存の集計データでは情報に限りがあるため，政府統計における個票データの利用も始まっている．（独）統計センターは，2009 年より統計を実施する行政機関から委託を受けて，学術研究や高等教育の発展を目的にした利用に限り，政府統計の個票データの一般利用者への情報提供を行っている（詳細は公的統計のミクロデータ利用のウェブページ（http://www.nstac.go.jp/services/archives.html）を参照）．おもなサービスは以下の二つである．

　オーダーメイド集計：　特定の政府統計について，統計センターが申し出者の依頼に基づいて質問項目の集計をし，データを提供するサービスである．2014 年 9 月現在，国勢調査をはじめ，内閣府，総務省，文部科学省，厚生労働省，国土交通省が実施する 13 の政府統計についてサービスを提供している．

匿名データ： 2014年3月現在，国勢調査，労働力調査，住宅・土地統計調査，全国消費実態調査，就業構造基本調査，社会生活基本調査の計6つの政府統計について，個人や団体の特定ができないように加工した形で個票データを提供している．

2.2.4 米国における政府統計個票データの利用

2.2.3項でみたように，日本においては限定した利用に限り政府統計の個票データの一般利用が行われるようになってきている．一方，米国においては，政府統計の個票データの公開が広く行われており，オンラインでのデータアクセスやアーカイブ化により個票データの利用が格段に容易になってきている（注1）．

政府統計個票データへのアクセス： 米国政府の各省庁が担当している政府統計に関しては，各省庁のウェブサイトに集計データとともに，個票データをオンラインデータで入手できることが多い．たとえば，2000年の国勢調査（注2）であれば以下の統計局サイトから個票データをダウンロードできる（図2.7）．

個票データ分析の難点： このように，米国においては政府統計や学術デー

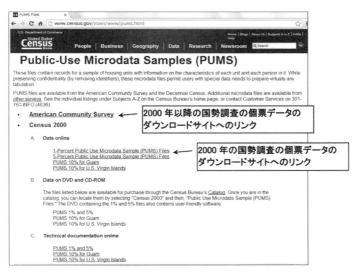

図 2.7 米国国勢調査の個票データダウンロードサイト
上記のダウンロードサイトのリンクをクリックして，データファイルと解説書（Documentation）をダウンロードすることができる．しかし，解説書は難解であり，データの取り込み方についても説明がなく，初心者には敷居が高い．

のアーカイブ化によるデータ共有が進んでおり，インターネットを使用して米国のデータを入手すること自体は容易になってきている．しかし，入手した後データを統計ソフトに読み込み，そのデータや変数の構造を読み解き，分析に向けて的確にデータを整備することに関して技術的なハードルが高く，個票データ利用への壁となっている．通常データには，データの解説書（codebook）が付属しているが，政府統計個票データなどの場合，変数やサンプル数が多いため解説書も分厚く技術的な内容となっており，難解な場合が多い．つまりは，個票データの利用の普及には，データ入手の容易さもさることながら，データの情報や分析補助の機能を整備することが重要である．

2.2.5　IPUMS の利点

前述したように個票データの分析においては，データの入手自体は容易になってきているが，データ分析のためのデータ整備においてある程度のデータ分析の知識とスキルおよび時間的な労力が必要であり，その点が個票データ分析をする上での難関となることが多い．

次に紹介する IPUMS USA（Integrated Public Use Microdata Series USA）は，個票データ分析における技術的ハードルを下げ，ユーザーがデータを入手・利用しやすいサービスを提供している．

IPUMS とは？：米国国勢調査個票データのアーカイブ

ミネソタ大学の人口研究所によって運営されている米国国勢調査の個票データのアーカイブである（図 2.8）．2013 年 6 月現在，1850 年から 2011 年までの国勢調査個票データをアーカイブ化して，オンラインによってユーザーが入手できるようにしてある．

IPUMS で特徴的なのは，米国国勢調査の個票データをオンラインアーカイブ化して入手を容易にしているだけでなく，個票データ分析を容易にするさまざまな技術的な工夫がなされていることであり，たとえば以下のような点があげられる．

（1）簡単な登録で無料での利用が可能である．

日本の政府統計の個票データの利用の場合は，データ利用者が教育的な利用に限定されていたり，データの入手が有料だったりすることがあり，利用手続きに

2. 海外のデータベースを使う

図 2.8 IPUMS のサイト

まずは，DOCUMENTATION 項目の Samples, Variables で何年にどのようなデータと変数が存在するのか確かめるところから始めてみよう．慣れたら DATA 項目の IPUMS Registration で登録後，後述の Analyze Data Online を使って実際に分析してみよう．

時間がかかることもある．一方，IPUMS では簡単なオンライン登録と利用上の条件に同意すれば，比較的簡単に利用を開始できる．

(2) 一般的な統計ソフト形式でのデータの提供．

一般的に個票データの提供の際は，シンプルなデータ形式で行われる場合が多く，データ構造を理解することが個票データの分析の最初の難関となることが多い．IPUMS の場合，データをダウンロードする際に，SAS, SPSS, STATA という一般的な統計ソフトへの読み込みファイルも一緒にダウンロードできる．そのため，データのダウンロード後に比較的簡単な作業で，統計ソフトで分析可能

な状態にできる．

(3) 個票データと変数についての時系列横断的なオンライン解説の充実．

個票データの利用の際に，どのような変数が利用可能か，その変数の内容，変数値の定義，またその変数が他の年のデータにおいても存在しているか，変数および変数値の定義は同じかなど，データの変数の把握が重要になり，その作業に時間もかかる．IPUMS の場合は，1850 年から 2011 年のデータまで，どのような変数が存在し，変数および変数値の定義がどのように変化してきたのかを一覧でまとめてあり，参照が容易になっている．

2.2.6　IPUMS の個票データの概要
サンプルについて

IPUMS で扱っているのは，1850 年以降の米国国勢調査の標本個票データである（全数調査データではない）．母集団に対する標本の割合は，標本データごとに異なる．標本の基本的なデータの単位は個人であるが，ダウンロードの際に個人ベース，世帯ベース，個人・世帯両方のデータのいずれかを選ぶことができる（注 3）．

個人と世帯の変数について

変数は，個人に関する変数と世帯に関する変数に分かれる．ちなみに，米国における世帯（household）の定義は，一つの住戸（housing unit）に住む人員すべてを指し，世帯のなかで家族関係のあるものを家族（family）と定義している．たとえば，一つの住戸を 3 人の学生がシェアしている場合，一つの世帯の人員が 3 人で，1 人からなる三つの家族が居住しているということになる．個人の変数と世帯の変数に関しては表 2.4 の分類に分けられる．住宅に関する変数は世帯変数に属している．

空間単位の存在：PUMA

個票データでは個人や世帯についてのさまざまな情報が手に入る半面，人口が少ない小地域での集計ができないという短所がある．個票データでは，個人が特定できないように名前などの個人情報は秘匿してある．しかし，人口が少ない地域の場合，個人の特性情報の組み合わせから，人物を特定できる可能性があるた

表 2.4 IPUMS 国勢調査データの個人および世帯変数の分野

個人に関する変数の分野 （Person Variables）	世帯に関する変数の分野 （Household Variables）
技術的変数（Technical） 家族（Family Interrelation） 人口（Demographic） 人種，民族，国籍（Race, Ethnicity, & Nativity） 健康保険（Health Insurance） 教育（Education） 仕事（Work） 収入（Income） 職業上の地位（Occupational Standing） 居住移動（Migration） 5年前の活動（Activity Five Years Ago） 障害（Disability） 退役軍人（Veteran Status） 勤務地・通勤（Place of Work & Travel Time） 過去のデータの変数など（Historical Oversample, Historical Technical, & Other）	技術的変数（Technical） 地理的変数（Geographical） 施設居住（Group Quarters） 経済的な特性（Economic Characteristics） 住居特性（Dwelling Characteristics） 冷暖房・家電設備・自家用車（Appliances, Mechanical, Other） 世帯内家族グループ（Constructed Household） 過去のデータの変数など（Historical Oversample, Historical Technical, 1970 Neighborhood）

め，個票データにおいては国や都市圏レベルなどの広域な空間単位の情報のみを公開している場合が多い．

　IPUMS データも同様に，小地域でのデータ分析を不得意としている．IPUMS データにおける最小の空間単位は，PUMA（Public Use Microdata Area）であり，PUMA の大きさはその地域の人口規模や密度によって異なるが，だいたい人口が 20 万人以上の市（places）や郡（county）の境界であることが多い．しかしながら，人口が多い大都市においては市の地域を 10 万人ぐらいの単位に分けた PUMA の情報を公開しているため，個票データといってもある程度の空間分析も可能であり，空間分析は IPUMS 個票データの利点でもある（図 2.9）．

　たとえば，2.1 節の図 2.3 の（a）と（b）は集計データで公開している小地域である国勢調査地域（Census Tract）を単位に作成したものであり，（c）と（d）は個票データを PUMA 単位に集計して作成したものである．図 2.3 の（c）と（d）の個票データで作成した地図の空間単位のほうが大きいことがわかる．空間単位のサイズは大きくなるものの，既存の集計データによって得られない組み

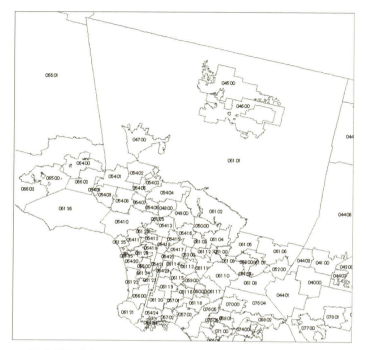

図 2.9 米国国勢調査個票データの最小空間単位 PUMA (Public Use Microdata Area)
IPUMS サイトよりダウンロードした PUMA boundary shape file (2000 5% census sample and ACS/PRCS) の GIS 地図 (https://usa.ipums.org/usa/volii/2000pumas.shtml).

合わせの変数の独自集計を PUMA 単位に行い，空間分析ができることは米国国勢調査個票データの大きな魅力である．

2.2.7 オンライン分析ツールを利用する

　IPUMS の利点は，個票データそのものをダウンロードできることにあるが，個票データであるため，データのサンプル数が膨大な数になり分析が難しくなるという問題が生じる．たとえば，分析の対象としたロサンゼルス都市圏では人口は約 1,000 万人近くになるが，5% 標本のデータを使用した場合単純計算でも標本数が 50 万になり，このサンプル数に対して変数の数を増やしていくと，かなりの大きなサイズのデータファイルになる．そのため，個票データそのものを使用して分析することが，技術的および設備的にハードルが高い場合には，オンラ

イン上で個票データを集計するツールを使用することも可能である.

ここでは，2000 年 5％ 標本データを使用して，ロサンゼルス都市圏における外国人の人種と滞在年数別の世帯所得の平均を集計してみる（図 2.10）.

分析ツールを使用する準備として，とりあえずまずは，ACS（American Community Survey）の最近の標本データ（たとえ ACS2011）などを使用して，個人と世帯の変数リストを眺めてどのような統計情報に関心があるのかを考えてみよう．世帯所得（HHINCOME: household income）のような量的変数の場合は平均，人種や性別などの質的変数は集計表を，量的・質的変数を組み合わせて質的変数の値別に量的変数の平均などを集計することから始めてみよう．

個票データを分析するために必要な設備・技術

オンライン分析ツールでの個票データの分析ツールについて紹介したが，オン

図 2.10 IPUMS のオンライン分析ツールの使用例：ロサンゼルス都市圏の人種・滞在年別の世帯収入平均

この分析では，世帯主を選択することによって世帯を抽出している．分析の際は変数やデータの構造について理解している必要があるので，オンライン上の変数の定義の熟読を要する．

ラインの分析ツールでは，細かな変数の再定義やモデル分析などがしにくいので，IPUMS をフル活用するには標本データをダウンロードして自らデータを分析していく必要がある．IPUMS では，データの解説や提供の仕方などユーザーが分析しやすいようにさまざまな工夫が施されているが，それでもデータ分析の際には準備としていくつかの設備や技術を必要とする．

（1）CPU や RAM が十分なコンピューター： サイズの大きい個票データを分析する場合，コンピューターの処理速度やメモリがある程度充実しているほうが，分析がスムーズに進む．とくに，統計ソフトの STATA や SPSS を使用して分析を進める場合は，データファイルのサイズをカバーできるぐらいのメモリを必要とする（さらに，64 ビット OS を使用すると分析に配分されるメモリを増やすことができる）．

（2）統計ソフト（SAS, STATA, SPSS）： IPUMS では，データのダウンロード時に付随する変換ファイルを使用して，ファイルのデータ形式を，SAS, STATA, SPSS の形式に読み込むことができる．統計ソフトはいずれも学生個人にとっては高額なので，大学がライセンスを所有している統計ソフトを使用するようにすればよいだろう．

（3）英語力： IPUMS は米国で運営されているサイトなので，当然ながら記述はすべて英語である．しかし，サイトのレイアウトやページの記述などは，なるべく口語で平易な英語で書かれてあり，また統計用語もそのつどわかりやすく解説されているため，英語だからといって食わず嫌いを起こさずに，利用に挑戦してほしい．

2.2.8 まとめ：海外のデータにアクセスしてネットワークを広げよう

インターネットやコンピューター技術の発達のおかげで，2次データ，とくに個票データの利用が盛んになってきている．今回紹介した米国では政府統計のデータの整備および公開がかなり進んでいる．米国政府統計の魅力はデータの変数が多いこともさることながら，データ整備のおかげで時系列および空間的な分析が比較的効率的に行えるところにもある．データ分析支援も充実しており技術的なハードルも年々低くなってきているので，ぜひ海外のデータにアクセスして，研究の問いの可能性を広げていってほしい．

米国のデータへアクセスすると，ただデータが充実しているだけでなく，デー

タ分析に関してユーザーコミュニティでの情報交換活動が充実していることに気づくだろう．データへのアクセスを通じて，国外の研究者ネットワークを広げていくチャンスにもなるだろう．

　注1　本節では，政府統計の個票データに絞って紹介しているが，大学研究者等によって作成された調査データなどの共有も進んでいる．米国においては，ミシガン大学の社会科学研究所が運営するオンラインデータアーカイブである ICPSR（Inter-university Consortium for Political and Social Research）があり，米国および海外の数多くの社会科学に関する政府統計や学術データを所持している．日本の多くの大学がICPSR メンバーとして参加しているので，大学生・大学院生であればメンバー登録して，データにアクセスすることが可能である．日本では，東京大学社会科学研究所付属社会調査・データアーカイブ研究センターで2次データの収集・共有が行われている．

　注2　2000年までは，米国国勢調査では基礎的な個人・世帯に関する項目を全数調査，その他の項目を標本調査で行っていたが，2000年以降国勢調査では全数調査のみを行い，標本調査で尋ねていた質問項目は，毎年実施される ACS（American Community Survey）で調査されることになった．

　注3　個人ベースのデータをダウンロードして，世帯ID により世帯ベースにデータを選択しなおすことも可能である．世帯以外にも住宅の情報も含まれており，住宅は世帯が居住している住宅と空家に分かれるが，空家情報の分析ができる標本データは限られている．

3. マップとデータを結合する

●吉田友彦

3.1 ［事例編］空き家はどこに多いのか？：GIS による地理情報の活用

3.1.1 多様な地図サービスが身近に

　多様な地図サービスが Google や Yahoo!Japan などのポータルサイト上で展開されるようになってから，われわれはインターネットやスマートフォンで日常的に地理情報を利用するようになった．とりわけ，喫茶店やレストランの価格や口コミ情報が地図に蓄積されるとともに，自らの場所をスマートフォンの GPS（global positioning system，全地球測位システム）機能で検索することによって緯度経度を把握できるようになり，これらの情報を組み合わせることで地図の利便性は急速に向上した．GPS という言葉も多くの人が知るようになった．

　不動産流通においては，インターネットやスマートフォンでかなり詳細な情報検索ができるようになり，遠隔地への引越に先んじて住宅の確保が容易にできるようにもなった．実家を離れて下宿している学生諸君においては，不動産の検索はすでに利用の経験があることであろう．また，最近ではクラウドサービスの一環として，アカウントをもっているユーザーが独自に編集した地図をクラウド上に保存しておくことも可能で，グループメンバーとの共有を図ることで多様な活用が期待されている．

　こうした一般ユーザー向けの地図サービスだけでなく，社会や政策について学ぶ学生や研究者にとって便利な，いわば玄人むけのインターネットサイトも次々と整備されてきている．

　たとえば，戦後から現代にいたるまでの全国のほとんどの地域の空中写真も，インターネット上で閲覧が可能になっている．個々の住宅の境界までわかるような高精細のものは購入が必要だが，粗い精度のものであれば，全国どこでも，戦

3. マップとデータを結合する　　67

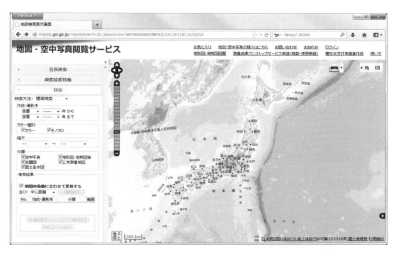

図 3.1　過去の空中写真が閲覧できるサービス（国土地理院地図・空中写真閲覧サービス）

後ならば 10 年から 20 年おきで閲覧やダウンロードが可能である．戦後の都市化の様子などは，ネット上の空中写真の比較からでも十分わかる（図 3.1）．これは，国土交通省国土地理院が提供しているサービスである[1]．

また，地図と地価が統合された形で閲覧できるサイトもある．一般財団法人資産評価システム研究センターが管理する「全国地価マップ」[2]というサイトでは，固定資産税路線価，相続税路線価，地価公示価格，都道府県地価調査価格の 4 種類の地価が検索できる．「一物四価」とか「一物五価」といわれる土地の価格であるが，おおむね過去 3 年間の情報が掲載されており，多様な価格を時系列的にあるいは地域的な広がりのなかで比較することができる（図 3.2）．

地図の電子化が進んだことと携帯電話のインターネット端末化が進んだことにより，われわれのコミュニケーションの利便性も飛躍的に高まる結果となった．たとえば，仲間が集まってコンパをするときの待ち合わせ．引越先の住宅を探す時の選択肢の幅．取引先への移動方法の確認．子どもの居場所確認．このような日常的な空間把握のスキルは現代人にとって，必要な素養になりつつある．

社会・政策のための統計を学ぶ初学者にとって，この意味でも地理情報システム（GIS）の知識は重要となってきている．日常生活における地図利用という，いわばボトムアップが進んできている以上，一般的な研究場面においても，より

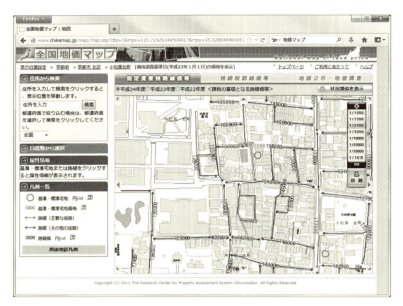

図 3.2 全国地価マップ固定資産税路線価等のサイト（図は立命館大学付近）

高度な分析が求められているのである．

　GIS は Geographic Information System の略語であり，日本語では「地理情報システム」と訳される．国土地理院の定義によれば[3]，GIS とは「地理的位置を手がかりに，位置に関する情報をもったデータ（空間データ）を総合的に管理・加工し，視覚的に表示し，高度な分析や迅速な判断を可能にする技術」となっている．したがって，前述したようなさまざまなインターネット上のサービスも，広い意味での GIS を用いて提供されているものと理解することができよう．とりわけ，ウェブブラウザ上で操作が可能なものを WebGIS と呼ぶ．

　多くの統計情報がインターネット上で公開されている現在，こうした情報を少し加工するだけで，かなり有益な情報を得られるようになった．この結果，政策づくりの現場にも GIS は相当普及してきたと考えられる．政策策定のための仮説づくりの基本ツールとして，GIS の分析例にはどのようなものがあるのか．本書では「空き家はどこに多いのか？」というクエスチョン（問い）を立てながら，以下に解説していく．

3.1.2 「空き家はどこに多いのか」を考える前に

近年，都市計画やまちづくりの分野では空き家の増加が注目されている．空き家の量的な把握のためのデータは，総務省統計局が行う「住宅・土地統計調査」[4]で多様な指標により長期間にわたって捕捉されている．「空き家がどこに多いのか？」という問題に答えるために，まず住宅・土地統計調査からわかる空き家の概況を整理しておこう．

「住宅・土地統計調査」は総務省統計局により下 1 桁が 3 と 8 の各年（西暦）において実施されている．たとえば 2008 年，2013 年などである．この調査のなかで空き家は，「居住世帯のない住宅」として調査されている．住宅に居住世帯があるかどうかは，調査対象名簿を用いて調査員が各戸を訪問する際に，外観で判断することによって調べており，居住世帯のある住戸は「世帯票」により調査し，居住世帯のない住戸（いわゆる空き家）を含めてすべての住戸を対象として「建物調査票」を使用している．空き家はこの「建物調査票」によって把握される．

「住宅・土地統計調査」は約 350 万戸を対象とした抽出調査である．抽出調査から得られた個々の項目の結果が，絶対量としての全人口数に整合するように推定されている．すなわち，得られた個々の項目の結果を抽出率で除すことにより，母集団の数値を推定するのである．このような推計方法では，数値の大きい項目ほど誤差が小さく，数値の小さい項目ほど誤差が大きくなる傾向があることをあらかじめ理解しておく必要がある．

さて，統計上の空き家の内訳であるが，大きく分けて空き家の種類には四つの型がある．別荘やセカンドハウスとして利用される「二次的住宅」，「賃貸用の住宅」や「売却用の住宅」として市場での賃貸契約や売買を待つもの，そしてそれらのいずれにも該当しない「その他の住宅」である．「その他の住宅」は別荘や，賃貸住宅，または売却物件として存在しているのではなく，取り壊しが予定されているか，またはよくわからない状態のままで放置されているものと解釈できる．「利用予定のない住宅」とか，「利用未定の住宅」などといいかえることも可能であろうが，本節では「その他（利用未定）の住宅」と表記して論じていくこととする．

2008 年の「住宅・土地統計調査」によれば，日本の住宅総数 5,759 万戸のうち，およそ 756 万戸が空き家であり，この割合 13.1% が一般に空き家率として

知られている.空き家は 1988 年には 400 万戸もなかったので,この 20 年で 2 倍近くまで増加してきている.図 3.3 は,2008 年の調査の空き家数のうち,「二次的住宅」,「賃貸用の住宅」,「売却用住宅」,「その他(利用未定)の住宅」のそれぞれについて,既存戸数を正方形の大きさに反映しつつ描画したものである[5].

図 3.3 は,空き家の形態的観点から戸建て住宅,長屋建て住宅,共同建て住宅といった建て方別と,住宅の敷地が接する道路の幅員ごとにみた道路条件に応じて空き家住宅戸数の大きさを,ストックとしての戸数規模を反映した正方形で表現している.見た目の大きさがそのまま空き家の数になっている.最も量的に多

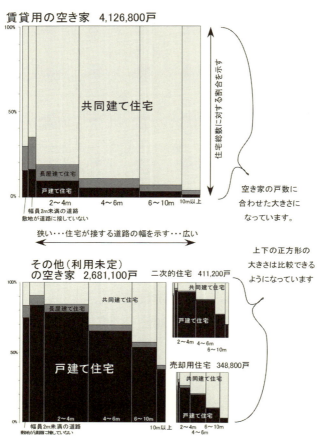

図 3.3 空き家の種類・建て方・敷地に接する道路の幅員別空き家住宅数(2008 年住宅・土地統計調査)

い空き家は「賃貸用の住宅」であり，その次に「その他（利用未定）の住宅」が続く．「二次的住宅」と「売却用の住宅」については，全体の空き家数から見れば，戸数規模はさほどないことがわかる．

　建て方別についてみると，明確な特徴がある．すなわち，「賃貸用の住宅」に共同建てが多く，「その他（利用未定）の住宅」に戸建て住宅が多い．共同建て住宅の空き家には，ワンルームマンションなど単身者や少人数世帯向けの賃貸住宅の戸数が多いのではないかと考えられる．長屋建て住宅は「その他（利用未定）の住宅」よりも「賃貸用の住宅」に多く見られることも特徴の一つであろう．

　高齢化した戸建て住宅所有者が介護や医療サービスを受けるために転出し，売却にも賃貸にも出すことができないような場合において，戸建て住宅を中心とする多くの空き家が「その他（利用未定）の住宅」として算定されているのではないかと考えられる．

　別荘などの「二次的住宅」は「その他（利用未定）の住宅」と同様，戸建て住宅が主流となっているものの，「売却用住宅」では，戸建てと共同建てがほぼ半々に分かれている．

　「住宅・土地統計調査」では，それぞれの住宅の敷地が接する道路の幅員が調べられている．敷地が道路に接していないものから，2メートル未満，2〜4メートル，4〜6メートル，6〜10メートル，そして10メートル以上という細かい分類がなされている．総務省統計局によれば，「道路の幅員には歩道や側溝の幅も含め，2本以上の道路に接している場合は，広い方の道路の幅員とした．空き地や公園などに接していて道路に接していない場合や，住宅の敷地と道路の接している部分の長さが2メートル未満の場合は，「接していない」とした．」とされている．「広い方の道路」の判断は主観的ならざるをえないであろうし，かつ，外観で目視された道路幅員は誤差を含むかもしれないが，敷地の条件のよさを図る一つの指標として読み解くことができる．

　図3.3では数値まで表現していないが，「その他（利用未定）の住宅」において，4メートル未満の空き家は46.0%を占め，「賃貸用住宅」では31.8%を占めている．空き家全体756万戸における4メートル未満の道路率（非接道含む）は37.0%となっており，これと比べると「その他（利用未定）」の空き家において接道不良の状況が顕著である．2メートル未満道路と非接道住宅の割合で見ると，

「その他（利用未定）の住宅」では計 15.1% であるが，空き家全体では 10.3%，居住世帯のある住宅全体では 7.0% であるので，どの幅員条件で見ても「その他（利用未定）の住宅」の接道状況が悪いことがわかる．

3.1.3 空き家はどこに多いのか

以上のように，全国的に見て，主要な空き家は「賃貸用」と「その他（利用未定）」に分けて考えるのが効果的である．さらにいえば「共同建て・賃貸用」（図 3.3 の上の正方形の灰色部分）と「戸建て・その他（利用未定）」（図 3.3 の下の大きな正方形の黒い部分）の 2 種類の属性の異なる空き家に分けて考えると，より詳しくかつ正確な対比となる．つまり，日本の空き家は，賃貸用の中高層マンション空き家と，利用未定の低層戸建て空き家の二つに分けてとらえられるのである．図 3.4 では，左側を「その他（利用未定）の住宅」，右側を「賃貸用住宅」として，空き家率の内訳の地域分布を見ている．それぞれの空き家率は都道府県ごとの空き家総数で類型ごとの空き家数を割ったものである．

建て方の違いを図 3.3 で検討したところであるが，地域分布においてもはっきりとした違いを見てとることができる．「賃貸用の住宅」の割合の高い 5 都道府

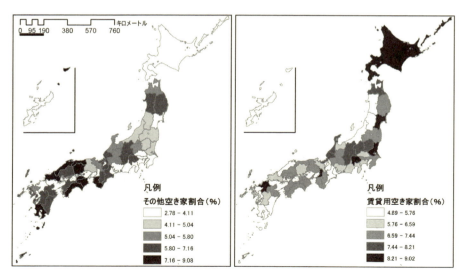

図 3.4 都道府県別空き家住宅数割合（左：その他の住宅，右：賃貸用の住宅）
住宅総数に対する各空き家数の割合．Jenks の自然分類による．沖縄県は拡大した．

県は，上から大阪府 9.0％，山梨県 8.9％，宮城県 8.8％，北海道 8.8％，茨城県 8.8％である．低い割合を示す 5 都道府県は佐賀県 4.9％，滋賀県 5.0％，島根県 5.1％，三重県 5.3％，宮崎県 5.3％ となっている．

一方，「その他の住宅」の割合の高い 5 都道府県は，上から和歌山県 9.1％，島根県 9.0％，鹿児島県 8.8％，高知県 8.2％，徳島県 7.9％ である．低い割合を示す 5 都道府県は東京都 2.8％，神奈川県 2.9％，埼玉県 3.2％，愛知県 3.6％，沖縄県 3.9％ となっている．「賃貸用住宅」と「その他の住宅」の空き家率は，相関係数 -0.26 と弱い負の相関にあり，それぞれ逆の立地傾向を示している．この図の作成方法は別途，3.2 節にて詳述するが，最もポピュラーな GIS アプリケーションである Esri 社の ArcGIS の ArcMap を用いて作成している．

「その他（利用未定）の住宅」の割合が低い地域には大都市圏に位置する都県があり，都市性と地方性の違いを反映している傾向がある．すなわち，山地の多い中国・四国地方の人口減少地域で「その他（利用未定）の住宅」が多く，逆に大都市近郊では「その他（利用未定）の住宅」が少ない．住宅総数に対する空き家数の割合の地域分布からも，賃貸用とその他（利用未定）の空き家の属性の違いがさらに浮き彫りになったといえる．西日本を中心とする四国・中国などの山地の多い県において，利用予定の立たない戸建て住宅を中心とする空き家が多いこと．首都圏を除く大都市圏近郊において，共同建てを中心とする賃貸用の空き家が多いこと，である．

なお，近畿圏における空き家住宅数割合の詳細を市区町別に見たものが図 3.5 である．賃貸用空き家への注視が必要な大都市圏においても，より細かく見ると利用予定のない「その他（利用未定）」の空き家は郊外部に多く，「賃貸用」空き家が都心部に多いという構造的な違いがはっきりと出ていることがわかる．

すなわち，日本全国に目を向ければ空き家問題が四国・中国・東北地方の問題であることがわかると同時に，地域レベルで見ていけば都市構造上のさらなる偏りが存在するということである．政策の視点が国の政策なのか，都道府県の政策なのか，あるいは近隣地区での政策なのかといった規模的なレベルによって地理分析の意味が異なってくることもわかるであろう．

なお，「住宅・土地統計調査」によって作成された図 3.5 においては，「村」が調査対象となっておらず，一部の村の空き家データが欠損していることにも留意する必要がある．

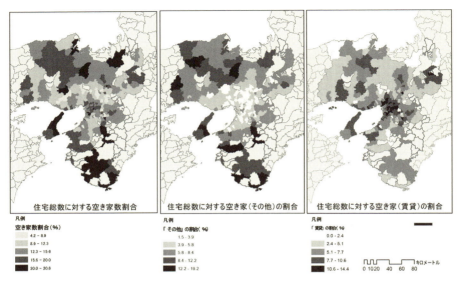

図 3.5 近畿圏における空き家住宅数割合（京都府，滋賀県，大阪府，兵庫県，奈良県，和歌山県）
左：総数割合，中央：その他空き家割合，右：賃貸空き家割合．

　こうした分析を行えば，「空き家がどこに多いのか？」の答えが得られることに気付いていただけただろうか．さらに，図 3.5 を作成したデータを市区町ごとに細かく見てみると，表 3.1 のようになっていた．空き家数割合の高い順と低い順にランキングしてある．

　近畿圏で空き家数割合が最も高いのは，和歌山県白浜町である．これは海水浴を楽しむ別荘地としての性格もあるので，「二次的空き家」が多いと思いきや実際は用途の定まっていない「その他（利用未定）空き家」が多いことがわかる．空き家数割合の最も低いのは京都府精華町で，関西文化学術研究都市（学研都市）として有名な町である．できたばかりの町に空き家が少ないのは容易に想像ができる．

　ただし表データだけでは，これらの傾向が近隣自治体にどのようなつながりを見せているのかは判明しない．図 3.3 を見れば滋賀県，兵庫県，和歌山県の山間部にある自治体で空き家が多く，ある程度の連担が認められることもわかるし，都心と郊外という構造的な問題であることも一目瞭然であろう．「「その他（利用未定）空き家」は集落域における過疎化の問題，すなわち限界集落化の結果なの

3. マップとデータを結合する　　75

表 3.1　市区町別・空き家数割合別・空き家数の内訳

順位	都道府県	市区町名	住宅総数	空き家総数	割合(%)	二次的空き家	賃貸用空き家	売却用空き家	その他空き家
空き家数割合の高い自治体									
1	和歌山県	白浜町	12,110	3,700	30.6	950	410	20	2,320
2	和歌山県	那智勝浦町	10,240	2,650	25.9	650	580	90	1,330
3	兵庫県	淡路市	22,550	5,770	25.6	930	1,900	330	2,610
4	和歌山県	串本町	11,640	2,970	25.5	420	320	10	2,220
5	滋賀県	高島市	22,530	5,350	23.7	2,900	420	50	1,980
6	兵庫県	洲本市	24,300	5,730	23.6	720	1,930	30	3,050
7	兵庫県	加東市	17,970	4,210	23.4	1,090	1,840	140	1,140
8	京都府	京丹波町	7,110	1,610	22.6	300	220	40	1,050
9	京都府	宮津市	9,900	2,130	21.5	420	630	10	1,070
10	大阪府	忠岡町	7,970	1,690	21.2	10	1,040	120	520
空き家数割合の低い自治体									
1	京都府	精華町	12,330	520	4.2	30	160	20	310
2	大阪府	豊能町	8,270	390	4.7	70	—	90	230
3	大阪府	熊取町	16,680	960	5.8	30	370	60	500
4	奈良県	河合町	7,460	470	6.3	10	90	110	260
5	兵庫県	稲美町	10,940	690	6.3	60	30	120	480
6	兵庫県	猪名川町	11,110	730	6.6	180	—	110	440
7	京都府	京田辺市	27,670	1,890	6.8	130	930	110	720
8	奈良県	広陵町	10,520	740	7.0	10	420	50	260
9	大阪府	美原区	15,770	1,200	7.6	20	380	180	620
10	大阪府	高槻市	152,990	12,580	8.2	470	5,220	1,170	5,720

データは住宅・土地統計調査 2008 年．近畿圏の市区町のみ．京都府，滋賀県，大阪府，兵庫県，奈良県，和歌山県．

だろうか？」という疑問なども浮かび上がってくる．あるいは，「白浜町では別荘が間違って「その他（利用未定）」にカウントされていないか？」，「高島市に二次的空き家が多いのはなぜ？」，「淡路市では阪神・淡路大震災の影響が残っているの？」，「兵庫県洲本市にその他住宅が多いのはなぜ？」，「学研都市やニュータウンで空き家が少ないのはなぜ？」といったさまざまな疑問が浮かび上がる．

　地理情報の活用はこのように，一つの疑問を次の疑問へつなげていくツールであり，また問題発見から問題解決への過程をつなぐ基本的な手法でもあることもわかるだろう．

文　献

1) 国土地理院地図・空中写真閲覧サービス（http://mapps.gsi.go.jp/）.
2) 一般財団法人資産評価システム研究センター全国地価マップ（http://www.chikamap.jp/）.
3) 国土地理院のウェブサイト（http://www.gsi.go.jp/GIS/whatisgis.html）.
4) 総務省統計局「政府統計の総合窓口（e-stat）」『住宅・土地統計調査』2008年（http://www.e-stat.go.jp/）（平成20年住宅・土地統計調査（確報集計，全国編）の第1表，および各都道府県の平成20年住宅・土地統計調査（確報集計，都道府県編（都道府県・市区町村））の市区町村第1表）.
5) 吉田友彦「空き家問題・空き家対策の現状と課題」『都市住宅学』80号，4-7，2013年．

参考ウェブサイトは2014年7月閲覧．

3.2　［解説編］複雑な地理情報を整理する：分析地図の作成

3.2.1　WebGIS の活用

　複雑な地理情報（geographic information）をインターネット上で公開し，ウェブブラウザを通してユーザーの要求に応えて地図上の表現に変換するシステムを WebGIS と呼ぶ．Yahoo!Japan の地図サイトや Google マップで提供されているサービスも WebGIS の一つである．最近では，ポイント（点）やライン（線）を追加してユーザーが独自の編集を行うことができ，距離や面積の計測，そして経路の探索機能もあり，その利便性も高まりつつある．Google Earth のストリートビューという機能により，あたかも自動車でその道路を通過しているかのように臨場感のある写真が閲覧できるようになったことは，全世界の人々に大きな影響を与えた．個々のユーザーのアップロードした写真が地図上のポイント（点）データとともに公開されていること，そしてユーザーが自分で作った地図をサーバー上に保管できることなどのいくつものサービスは，今後も多くの人に活用されていくのではないかと思われる．

　たとえば，宮城県や岩手県は Google マップを用いて，応急仮設住宅建設地の場所と戸数などの情報を一般公開している（図 3.6）[1]．個々のポイントデータの位置情報は非常に正確で，仮設住宅団地の開設年月日や団地ごとの住宅戸数といった重要情報も格納されており，これらの情報がスマートフォンからも閲覧ができるので，自治会活動，企業活動，研究活動，行政活動といった現地で行われるさまざまな活動に貢献していることであろう．

3. マップとデータを結合する 77

図 3.6 Google マップによる宮城県内の応急仮設住宅の建設地（2014 年 7 月現在）

　総務省統計局・政府統計の総合窓口における「統計 GIS」は，政府による膨大な公的統計調査とこの地理情報システムを組み合わせで公開している WebGIS である[2]．公的な統計調査の多くがウェブブラウザを通してエクセルファイル形式や CSV 形式のデータにより閲覧できるようになっているが，統計 GIS は，これらのデータを地理情報システムと関連付けを行った例である．本格的な研究データになる，とはいえないものの研究活動に先だって行う予備的調査のためのサービスと位置付けることができるだろう．

　図 3.7 は，この統計 GIS を用いて，都道府県別の 65 歳以上の高齢者割合を見たものである．高齢化率の高い都道府県ほど濃い色で描画されている．

　この図は政府統計の総合窓口（トップページ）から，「地図や図表で見る」「地図で見る統計（統計 GIS）」を経由して，「地図に表す統計データ」から操作を行って作成する．図 3.8 のようなカスタム画面からデータを選択し，都道府県別の図，市区町村別の図，そして町丁目レベルの小地域別の図によって図示することができる．表現するための階級の設定の仕方も多くの選択肢のなかから選べるようになっており，表現したい内容によって，十分なカスタマイズができる．凡例もその階級設定方法に応じて自動的に調整された上で表示されている．なお，

78　　　　　　　　　　　　　Ⅱ．データから探る

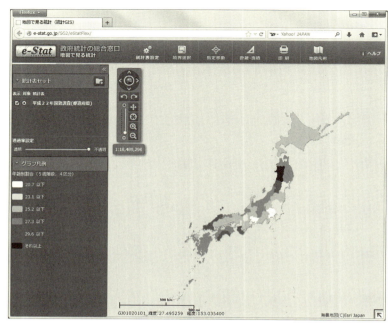

図 3.7　ウェブブラウザ上で作成可能な GIS 分析図
国勢調査2010年による都道府県別65歳以上人口割合．自然分類6階級．政府統計・統計 GIS より作成．

図 3.8　政府統計・統計 GIS による統計表カスタムセット画面（○がカスタム項目）

図 3.7 は国勢調査 2010 年を選択し，都道府県別の 65 歳以上人口割合を自然分類 6 階級で表示したもので，最も濃い黒の部分は高齢化率 29.6％ の秋田県である．つまり，「最も高齢化した都道府県はどこか？」といったクエスチョン（問い）に即座に応えてくれるサイトである．

2013 年 5 月現在，統計 GIS で利用可能な統計調査一覧は表 3.2 のようになっている．それぞれ集計単位に違いがあり，かつ参照可能年次には差がある．町丁目レベル（小地域）まで対応している調査は，国勢調査，事業所・企業統計調査，経済センサスの 3 種類のみとなっているが，利用可能な範囲は今後，順次拡大していくものと思われる．

統計 GIS によって地図化できるデータの種類は，表 3.2 からもわかるとおり，エクセルファイル形式や CSV 形式で提供される表データよりもまだまだ少ない．地図化できるデータは政府統計で公開されている膨大なデータのうちの一部分にすぎない．

また，統計 GIS では年度ごとの差分を計算して地図に表示することや 2 種類のデータを組み合わせて表示することなどができないため，より詳細な分析を行うためには，政府統計の表形式のデータをインポートするなどして GIS アプリケーションで加工する必要がある．当然ながら，市町村合併をまたいで単純な市区町村ごとの時系列比較はできないし，新しい団地開発の後に町丁目が分割され

表 3.2 政府統計の総合窓口・統計 GIS で利用可能な統計調査一覧（2014 年 7 月時点）

統計調査名称	参照可能年次	集計単位
地域メッシュ統計	平成 12，13，17，18，21，22 年	500 m，1000 m メッシュ
国勢調査	平成 12，17，22 年	都道府県，市区町村，小地域
事業所・企業統計調査	平成 13 年	都道府県，市区町村，小地域
経済センサス	平成 21 年	都道府県，市区町村，小地域
人口動態調査	平成 12〜23 年	都道府県
医療施設調査	平成 12〜16 年	都道府県
地域保健・老人保健事業報告	平成 12〜16 年	都道府県
医師・歯科医師・薬剤師調査	平成 12，14，16 年	都道府県
社会福祉施設等調査	平成 12〜18 年	都道府県
介護サービス施設・事業所調査	平成 12〜18 年	都道府県
農林業センサス	2005，2010 年	農林業経営体，農業経営体，販売農家，総農家等，農山村地域調査
漁業センサス	平成 20 年	都道府県，市区町村

ることもあり得るなかで同じ地図を使うことは不可能である．市町村合併したところを時系列比較する場合には，地図の集計単位を合併後の範囲に合わせる必要もあり，手作業によって修正・追加作業をしなければならない．

3.1 節で見たような「空き家はどこに多いのか？」というクエスチョン（問い）には，住宅・土地統計調査の結果を参照しなければならないのだが，残念ながら表 3.2 にあるように，WebGIS では住宅・土地統計調査の結果を図化することがまだできない段階である．

3.2.2　GIS アプリケーションと公開データの活用

　GIS アプリケーションは一般に有償であり，WebGIS のように無料で使用することはできない．しかし，さまざまな職種において GIS の重要性が認知されたため，アプリケーションおよび使用可能なデータの一般公開は進んでいる．個人が提供する無料の GIS アプリケーションも，フリーウェアとしていくつか配布されている．日本語で提供される代表的なフリーウェアとしては 2013 年 5 月現在，「MANDARA」や「白地図から統計まで」等がある．図 3.9 は，埼玉大学教育学部の谷謙二氏が作成した GIS のフリーウェア MANDARA を用いて作成した全国の空き家数割合を示した分析図である．山梨県（20.3％），長野県（19.3％），和歌山県（17.9％），高知県（16.5％）となっている空き家総数割合（対住宅総数）が標準偏差による 6 階級によって表示されており，図 3.4 で見たような「賃貸用」や「その他」の空き家の立地傾向と若干異なった印象を与えることもわかるだろう．

　MANDARA の使用方法については，谷氏自らが専用の教科書を頒布しており[3]，データと地図の連結作業が初心者でも簡単に行われるように工夫されている．SPSS などの統計ソフトでしか扱うことのできないデータベースファイル（拡張子が dbf）を使わず，一般的によく使用され，エクセルでも簡単に表示や編集を行うことができる CSV ファイルから地図を作成できることが後述の ArcGIS と大きく異なる点である．国土交通省が提供するデータとの互換性もあり，専門家と初学者の双方が使用できる仕様になっているといえよう．

　一方，有償だが高度な GIS アプリケーションとして専門家にも有名なものが，Esri 社の ArcGIS であろう[4]．3.1 節で提示した空き家の分析地図はフリーソフトの MANDARA から作成することもできるが，実際は Esri 社の ArcGIS を使

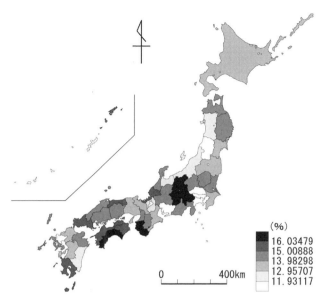

図 3.9 都道府県別空き家数割合（対住宅総数）
フリーウェア「MANDARA」により作成．標準偏差による 6 階級．

用しつつ，インターネット上の「政府統計の総合窓口」のデータをインポートして作成したものである．

ArcGIS は地図を加工・編集するためのソフト（ArcMap），地図を加工する際に大量に発生するファイル群を管理するためのソフト（ArcCatalog），地球上に描かれる地理情報を管理するソフト（ArcGlobe），そして GIS データを三次元表示するためのソフト（ArcScene）などから構成される．ArcGIS は，これらの複数のアプリケーションからなる一つのパッケージの総称である．

都道府県分析図はおもに ArcMap を用いて作成し，補助的に ArcCatalog を使用する．シェープファイルと呼ばれる地図データとデータベースファイルと呼ばれる表形式のデータをつねに連動させながら表示・調整することができることに，このアプリケーションの特徴がある．データベースファイルにおいて列のデータ（フィールド）を追加し，そこに住宅・土地統計調査の都道府県別空き家数のデータを組み込むことにより作成する．データの連動が自動的に行われるため，ユーザーは地図の表示方法やデータの分類方法に集中することができ，より表現力のある分析地図を作ることができる．

都道府県や市区町村，そして町丁目レベル・字レベルの小地域の各集計単位はキーコードと呼ばれる固有の番号で管理され，外部ファイルとして存在するデータファイルであっても，何百何千もの町丁目をキーコードにより一瞬にして自動的に結合し，どのような分析地図を作成するのかという点に集中して作業を行うことができる（キーコードについては，コラム参照）．たとえば，3.1節で見たような近畿圏一帯の空き家率の分析図は市区町村ごとの分析地図であるが，データが入手可能なものであれば，これよりもさらに細かい小地域単位（大字や字単位，町丁目単位）の分析も可能である．さらにいえば，分析後の表現方法の多様性も ArcMap の特徴である．単位ごとの塗り分けを 10％ ごとの等間隔で分類するのか，標準偏差ごとに分類するのか，それとも自然分類と呼ばれる方法で分類するのか，自らの仮説に応じてさまざまな表示方法を容易に調整・検討することができる[5]．

地図と表の連動．マップとデータの結合．これこそが GIS アプリケーションの価値を高める機能であり，複雑な地理情報を整理するための本質的な機能である（図 3.10）．

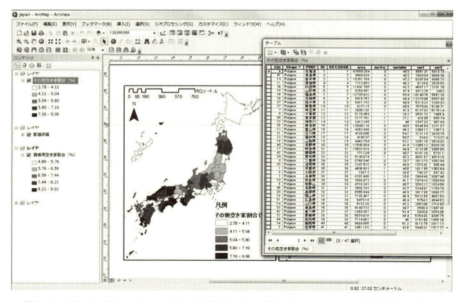

図 3.10 GIS アプリケーションにおける地図と表の連動（ArcMap による都道府県分析図）

また，アプリケーションに関係なく，統一的に使用可能なデータが国土交通省国土政策局のウェブサイトで体系的に整理された上で一般に公開されている[6]．これらの GIS アプリケーションで活用可能で，かつ国土交通省においてダウンロード可能な GIS データ一覧は表 3.3 のようになっている（2013 年 5 月時点）．都市計画や国土計画上の指定地域，沿岸域，自然，土地関連，国土骨格，施設，そして産業統計といった七つの大項目ごとに全部で 64 項目のデータとなっている．実際には，これらのデータが都道府県別に，かつ年次別に提供されているので，データには見た目の「幅」に対して，「奥行き」があることを理解する必要がある．たとえば，人口集中地区の年次は 1960 年から 2005 年の 5 年ごと 10 時点であり，45 年間の都市化の過程が都道府県ごとに公開されている．ダウンロードするだけでも相当な労力のかかるデータ量である．ちなみに，行政界のデータは大正 8 年から 21 時点分が蓄積されている．

表 3.3　国土交通省 GIS データ一覧（大項目別一覧）

分類	データ
指定地域	三大都市圏計画区域（面），自然保全地域（面），鳥獣保護区（面），半島振興対策実施地域（面），小笠原諸島（面），振興山村（面），小学校区（点，面），都市地域（面），農業地域（面），人口集中地区（面），離島振興対策実施地域（面），豪雪地帯（面），特定農山村地域（面），世界自然遺産（面），自然公園地域（面），森林地域（面），過疎地域（面），奄美群島（面），特殊土壌地帯（面），土砂災害危険箇所（面，線，点），用途地域（面）
沿岸域	漁港（点，線）
自然	竜巻等の突風（点），標高・傾斜度 3 次メッシュ，土砂災害・雪崩メッシュ，標高・傾斜度 4 次メッシュ，平年値メッシュ，標高・傾斜度 5 次メッシュ，土地利用 3 次メッシュ，土地利用細分メッシュ，都市地域土地利用細分メッシュ，道路密度・道路延長メッシュ，流域メッシュ
土地関連	地価公示（点），都道府県地価調査（点），工業用地（面）
国土骨格	行政区域（面），河川（線，点），空港（面，点），高速道路時系列（線，点），海岸線（線），鉄道（線），空港時系列（面，点），バスルート（線），湖沼（面），鉄道時系列（線，点），港湾（点，線）
施設	公共施設（点），バス停留所（点），医療機関（点），都市公園（点），発電所（点），燃料給油所（点），観光資源（面，線，点），ダム（点），市町村役場等及び公的集会施設（点），福祉施設（点），宿泊容量メッシュ
産業統計	交通流動量パーソントリップ発生・集中量（面，線），交通流動量貨物・旅客地域流動量（面，線），交通流動量パーソントリップ OD 量（面，線），港湾間流通量・海上経路（線），交通流動量駅別乗降数（面，線），空港間流通量（線）

これらのデータは，zip形式に圧縮されている．年次や都道府県を選択してダウンロード後に解凍すると，GISソフトで一般に使用されるシェープファイル等が得られる．詳細を解説する紙面はないが，3.1.3項で見た都道府県分析図（図3.4）は国土骨格の行政区域（面）等を用いて作成することができる．実際には，上記の国土交通省のデータだけでなく，GISアプリケーションを提供するEsri社や個人ユーザーによりさまざまなデータが加工・編集された上で無償提供されているので，希望する分析図に近いものに加工されたシェープファイルをインターネット上で直接探す方法もある．

3.2.3　まとめ

　個々のアプリケーションの使用方法については，市販の教科書類がいくつか出ているのでそちらに譲ることとして，ここでは複雑な地理情報を整理するための概要について論じた．WebGISでは容易に分析地図を作成することができるが，それはあくまで分析の結果であり，その元となるデータが見えているわけではない．データベースの中身をよく検討せずに分析地図を作成することができても，それは複雑な地理情報の本質を理解したことにはならない．読者の方々にとってWebGISはもちろん重要だろうが，できれば，ここで紹介したようなGISアプリケーションにぜひ挑戦してほしい．政策系の学部においては，社会の問題を発見し，その解決策をただちに考え始めることに重点をおいた教育がなされているため，操作上の障壁が高くて，最初からとっつきにくいGISはあまり使ってみる気にならないようである．政策系学部の学生諸君は，手っ取り早い既存データから直感的に物事を判断する傾向があり，じっくりと詳細な分析を行うことが苦手な人が多いように思う．

　ArcGISやMANDARAのようなGISアプリケーションを具体的に操作する上では背後にある表形式のデータと対面せざるをえない．表計算ソフトをどこまで使いこなせるのか，ということも実は問われている．それはたとえば，エクセルの演算や関数の知識や数値形式の設定方法等についての知識も含まれている．また，パーセントを計算するときに何を母数にすべきかということや，どのような分類方法に基づいて階級数をいくつに設定するのかといった統計学の基本についても知っておかねばならない．

　GISの習熟のためには「地図と表を連動させるアプリケーションの複雑さ」，

コラム　キーコード

　GISにおいて地図と表をつなぐものがキーコードである．政府統計やGISアプリケーションでは，一般に「KEY_CODE」と表記されることが多い．キーコードは「13101001001」（千代田区丸の内1丁目の例）のように，町丁目レベル（「小地域」と呼ばれる）を表示する場合には，11ケタの番号で表記される．最初の2ケタ（13）は47都道府県に対してそれぞれ1から47まで番号が振られる都道府県コードである．3から5ケタ目（101）は市区郡町村，6から8ケタ目が大字（おおあざ）やその通称名，9から11ケタ目が各小地域に対して振られる番号である．キーコードは，たとえば「東京都千代田区」のような市区郡町村単位であれば5ケタまで，「東京都千代田区丸の内」のような単位であれば8ケタまでで表示される．

　筆者の職場のある京都市では5,000を超える小地域がある．これらの小地域ごとに高齢化率を分析したいことはよくあるが，どうしたらよいだろうか．公開されている個別統計において小地域ごとに集計されているものはかなりあるが，地図データと連動した形で提供されていることはほとんどない．どのような地図と連動させるかは，個別の要求に基づくものであり，かつ無数のパターンがあるからであろう．

　この小地域の地図データと個別の統計データをつなぐ作業が「テーブル結合」であり，その仲介をするのが「キーコード」である．小地域の地図データには，面積やキーコードなど最初から格納されている当初のデータベースがある．つまり，地図データには町丁目の図形と表からなる2種類のデータがある．一方，外部からインポートしたい，表形式の個別統計データには，人口，世帯，就業者数などその統計調査に応じた多様なデータが格納されていると同時に，キーコードも基本情報として格納されている．この地図データ（図形＋表）と外部データ（表のみ）をキーコードによって照合し結合する機能を「テーブル結合」という．この結合方法を習得するためにはかなりの熟練が必要となる．いわば「GISの壁」である．しかし，この壁を克服できれば，分析可能なデータは飛躍的に増加することになる．まずは，この壁とあまり関係のない，都道府県分析あたりから始めてみることをおすすめしたい．

「表計算ソフトのリテラシー」，そして「統計学の知識」を前提としなければならない面があり，これらが読者の方々にとって，いわば「GISの壁」になっていくであろう．すべての壁を一度に超えることは難しい．しかし，これまで述べてきたようにすでにさまざまなレベルの地図サービスがあり，多くの教科書が発行

されており，手助けとなる情報がインターネット上に公開されている．読者の方々にはぜひ，目的をもってGISに臨んでもらいたい．「○○はどこに多いのか？」といった明確な疑問とそれを明らかにしたいという熱意をもっていただきたいのである．明確な疑問と強い熱意があれば，目の前に広がっているGIS環境がほとんどの質問に答えてくれることであろう．

文　献

1) 国土交通省のウェブサイト（交通・住まいなど国土交通省の対応詳細）(http://www.mlit.go.jp/report/daisinsai_kasetu.html)．
2) 総務省統計局のウェブサイト「政府統計の総合窓口」(http://www.e-stat.go.jp/)．
3) 谷謙二（埼玉大学）の地理情報分析支援システム「MANDARA」のウェブサイト (http://ktgis.net/mandara/index.php)．
   谷　謙二『フリーGISソフトMANDARAパーフェクトマスター』古今書院，2011年などを参照．
4) ESRIジャパンのウェブサイト (http://www.esrij.com/)．
5) GISとArcGISの使い方等については，
   村山祐司・柴崎亮介編《シリーズGIS　全5巻》，朝倉書店，2008-2009年（『第1巻 GISの理論』，『第2巻 GISの技術』，『第3巻 生活・文化のためのGIS』，『第4巻 ビジネス・行政のためのGIS』，『第5巻 社会基盤・環境のためのGIS』）
   がある．また，
   佐土原　聡編『図解！ArcGIS10〈Part1〉身近な事例で学ぼう』古今書院，2012年
   渡辺　俊（筑波大学）のGIS解説のウェブサイト (http://wright.sk.tsukuba.ac.jp/gis/)
   などを参照．
6) 国土交通省国土政策局のGISウェブサイト (http://nlftp.mlit.go.jp/index.html)．

参考ウェブサイトは2014年7月閲覧．

データで証明する
―検証的データ解析―

 文献にあたり，ネット上のさまざまな情報を調べていくなかで，解決しようとする問題についての幅広い知識と理解を得ることができる．また，その過程の中で，さまざまな問いが生まれてくるはずである．第Ⅲ部では，このような問いから仮説を設計し，それを検証するための検証的データ解析の手法を紹介する．

仮説を検証する

 仮説を統計手法により検証する際，1.1節で述べた操作化の手続きにより，問いを明確化する必要がある．繰り返しになるが，「女性は損か？」という問いを検証するには，「何を損とするか？」を明確にしなければ，統計分析を行うことができない．操作化の手続きは，分析者の考えを整理するだけではなく，今問題としていることを焦点化し，無用な誤解を避ける役割も果たす．統計分析は，定められた手続きにしたがって進められるため，基本的に主観的解釈の入り込む余地はなく，本人以外のだれが行っても同様の結論が得られる．つまり，知識さえあれば，だれが行っても，信頼性の高い仮説検証のプロセスを保証するものである．

 さらにいえば，社会科学が扱う対象は，多様な変数がかかわり合う複雑な世界である．そこでは，考えうる仮説は一つではなく，複数の仮説が存在する．それらの仮説の優劣を論じることは並大抵ではないが，統計手法を用いれば，各々の仮説の妥当性の比較，検討が容易にできる．

 たとえば，第5章では，「学歴の価値は低下したか？」という問いを検証する目的で，入職時期，学歴，初職（ホワイトカラーかブルーカラーか）の三つの変数を取り上げ，その相互の関係性から結論を引き出そうとしている．その際，い

きなり，（入職時期の）過去から現在に至る過程で，学歴と初職との結びつきが低下しているという仮説を検証するのではなく，三つの変数が相互に無関連なもの（過去も現在も学歴と初職とは関連がない）から，すべての変数が関連しているもの（学歴と初職との関係は時代により変遷している）までの複数の仮説の妥当性を検討することで，より合理性の高い仮説を導きだす方法が説明されている．

多変量解析

　前項で述べたように，社会科学が扱う対象は，多様な変数がかかわりあう複雑な世界である．このように複数の要因が関係するデータを分析する手法に多変量解析がある．多変量解析と呼ばれる一群の手法を用いれば，文字どおり，多くの変数を同時に分析することが可能となる．多変量解析には数多くの種類があるが，ここでは，代表的な多変量解析の手法である重回帰分析と因子分析について概説する．

　重回帰分析は，社会科学のさまざまな分野で用いられる多変量解析の手法である．ある変数（被説明変数）に影響を及ぼす複数の変数（説明変数）を想定し，その関連性の強さについて検証する．詳細は第4章に譲るが，被説明変数と複数の説明変数との直線的な関連性の強さを決定係数や回帰係数という統計量により把握することができる．具体的にいえば，結果と考えられる変数（被説明変数）の変化を，その原因と考えられる複数の変数（説明変数）により予測できるかどうかを統計的に検証するのが，この分析の目的である．

　因子分析は，おもに心理学の分野で用いられることの多い手法である．先の重回帰分析が，観測変数（測定されたデータ）間の関連性について検証するのに対して，因子分析は，観測変数の背後にあって測定されていない変数（因子）を仮定し，それを見つけ出そうとする分析である．

　たとえば，テストの結果について考えてみよう．国語，数学，理科，社会，英語について，ある一群の学生は国語，英語のテストの成績がよく，別の群の学生は数学，理科のテストの成績がよかったとする．この結果は，国語，英語の成績の背後にある共通の因子（「文系的能力」）と数学，理科の成績の背後にある共通の因子（「理系的能力」）を仮定すれば理解しやすくなる．つまり，より一般的な能力である文系的能力，理系的能力という因子が，国語や数学の成績の背景にあ

ると仮定することができる．

　この例のように，複数の項目の背後に共通する潜在的な変数を因子と呼び，それを各項目間の関連性をもとに見つけ出す（抽出する）手法が因子分析である．心理学が対象とする「心」は，誰もその実体を見ることはできないが，「心」というものの存在を仮定することで，人のさまざまな行動を統一的に理解することができる．因子分析は，このような心理学者の思考に統計的根拠を提供する手法でもある．

第Ⅲ部の内容

　第Ⅲ部では，「データで証明する―検証的データ解析―」と題して三つの章をおさめている．

　第4章「問題の原因を探る」の事例編では，わが国における男女格差（ジェンダー格差）の実態とその原因についての仮説が検証されている．男女雇用機会均等法や男女共同参画社会など，男女それぞれが，職場・家庭・地域社会で，等しくその役割を果たすというライフスタイルへの変化が求められている．しかし，一方で「男は仕事，女は家庭」という固定的な性役割観も根強く残っている．本章では，第Ⅱ部で紹介した政府統計のサイト（e-Stat）から得られる統計を用いて，男女の職場での格差を多面的に検討している．

　解説編では，少子化や精神疾患の増加など社会的要因が複雑に絡み合う社会現象について，その因果関係を解きほぐし，仮説を検証するための手法として経済学をはじめとする社会科学の分野で広く用いられている重回帰分析の考え方を説明している．

　第5章「問題の時間的変化を把握する」の事例編では，1955年から10年ごとに実施されてきた「社会階層と社会移動全国調査」のデータをもとにして，戦後半世紀にわたる学歴と職業格差との関係の変化が分析されている．受験戦争，偏差値社会，教育投資など，わが国が学歴社会であることを物語るキーワードは多くある．反面，近年では，高学歴者が増え，以前ほど学歴と社会的地位との結びつきは強くない，いわゆる学歴インフレが起こっているとする議論も少なくない．本章では，学歴と就職との結びつきが時代とともに変化している（いない）とする仮説について，カテゴリー変数（質的変数）間の関連性を分析する手法を用いて，検証している．

解説編では，二つのグループ間で，ある事象が起こる確率がどれだけ違うかを示す数値であるオッズ比を使って，グループ間の比較を行う手法が説明されている．たとえば，オッズ比を使えば，大卒者が高卒者と比べて，いわゆるホワイトカラーの職に就く確率は何倍かといった数値を求めることができる．さらに，少し応用的な手法であるが，より複雑なグループ間（カテゴリー間）の関連性を分析するための手法である対数線型モデルについても，その使い方を解説している．

　第6章「問題の因果をモデル化する」の事例編では，「仕事満足度」という概念を定義するための心理的なモデルを構成し，それを検証するための分析事例を紹介している．「満足」という言葉は，私たちが日常頻繁に口にする言葉の一つであるが，では「満足とは？」とたずねられたとき，上手に説明できる人は，まずいないであろう．それは「満足」が，複数の要素が複雑に絡み合って生まれてくる心理的な状態だからである．先に述べたように，このような複数の要素の背後に共通する潜在的な変数を因子と呼び，それを各項目間の関連性をもとに見つけ出す手法が「因子分析」である．

　複数の項目から探索的に因子を発見する因子分析の手法を，とくに「探索的因子分析」と呼ぶが，解説編では，近年，多くの研究で用いられるようになってきた「検証的因子分析」を説明している．検証的因子分析とは，仮説の段階で，複数の項目の背後にある潜在因子を仮定し，そのモデルの妥当性について検証するための分析手法である．本章では，さらにより大きな枠組みとして，潜在因子を含む因果関係のモデルを検証するための分析（共分散構造分析）の考え方についても紹介している．

4. 問題の原因を探る

●川口　章

4.1　[事例編] 女って損？：ジェンダー格差

　女は損をしているのだろうか，男は得をしているのだろうか．毎日，家族の世話，炊事，洗濯を繰り返す人生と，毎日，満員電車に揺られて通勤する人生と，どちらがいいかは個人の主観による．統計は，どちらが得かという問いに直接的な解答を与えるものではないが，それを考える材料を提供してくれる．

　本節では，インターネットで簡単に入手できる統計を紹介しながら，男女の格差（ジェンダー格差）の実態とその原因について考察したい．ジェンダーに関する政府統計のほとんどは，e-Stat というサイトに，Excel ファイル形式で公表されている．その他，多くの研究所が独自の調査を行っており，それらは集計され公開されている．このようなデータをうまく活用すれば，かなり高い水準の研究ができる．

4.1.1　「労働力調査」にみる就業率のジェンダー格差

　「男は仕事，女は家庭」というのが戦後の高度経済成長期（1950 年代半ば〜1970 年代半ば）に一般化した男女の分業である．働く男女の割合はどれくらい差があるのだろうか．それを見るには，総務省統計局が毎月実施している「労働力調査」が適している．これは，全国の約 4 万世帯を対象に，就業状態（就業しているか，就職活動をしているか），雇用形態（正社員か，パート・アルバイトか），就業時間などを尋ねる調査である．

　調査自体は古くから行われているが，e-Stat では，1968 年以降の性別，年齢階層別に集計された就業者数や失業者数などが公表されている．そのままでは数字の羅列にすぎないので，それを独自に集計し直したり，グラフに描いたりする

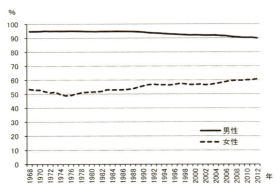

図 4.1 男女別就業率（15 歳以上 65 歳未満）
データ：総務省「労働力調査」各年．

ことで，わかりやすくすることができる．

　図 4.1 は，e-Stat で公表されている「労働力調査」の表から，男女別に 15 歳以上 65 歳未満の就業者数を計算し，それを 15 歳以上 65 歳未満人口で割って，就業率を求め，その変遷を描いたものである．最新のデータである 2012 年をみると，女性の就業率は 60.7％，男性の就業率は 89.9％ である．女性の就業率は男性のおよそ 3 分の 2 にすぎない．「男は仕事，女は家庭」という性別分業が根強く残っていることがわかる．

　図を眺めていると，いくつか興味深い事実に気づく．過去 20 年ほど，男性の就業率は徐々に低下しつつあるのに対し，女性の就業率は，上昇しつつある．今後もこれらの傾向が続くとすれば，やがて女性の就業率は男性の就業率に追いつくだろうか．将来の就業率を予測する最も簡単な方法は，グラフの線をそのまま延長させることである．難しそうに思える経済成長率や景気変動の予測も，基本は過去のデータの延長である．ただし，未来の予測は，先になればなるほど信頼性が低下する点には注意が必要である．

　男性は 1992 年から 2012 年までの 20 年間に就業率が 3.7 ポイント低下した．同じ期間に女性の就業率は 3.8 ポイント上昇した．つまり 20 年間に男女の就業率の格差が 7.5 ポイント縮小した．現在，就業率の男女格差は 29.2 ポイントであるから，あと 20 年この傾向が続いたとしても，依然 20 ポイント以上の格差が残ることになる．就業率の男女間格差は，簡単にはなくなりそうにない．

　その他に，興味深い点として，男性の就業率は 1990 年ごろまで 95％ 程度と非

常に安定していたが，その後低下傾向になった．女性は1970年代半ばまで低下傾向にあったが，その後上昇傾向に転じた．なぜこのような変化が生じたのだろうか．

　本節では，それらの原因について詳しく論じることはしないが，どうすれば原因が解明されるかを述べておく．ただ闇雲に統計をみても原因はわからない．まず，原因について，検証可能な仮説を立てることが重要である．「検証可能な仮説」とは，仮説が正しいか間違っているかがデータから検証されうるものという意味である．たとえば，1970年代半ば以降の女性就業率の上昇についていえば，「少子化のため，妊娠，出産，育児を理由に仕事を辞める女性が減った」とか，「夫の収入が減ったため，パートで働く主婦が増えた」などが検証可能な仮説である．

　仮説を立てたら，その次にすべきことは，統計データが仮説と整合的かどうかを確かめることである．たとえば，「少子化のため，妊娠・出産・育児を理由に仕事を辞める女性が減った」のが原因であれば，①子どものいない女性の就業率は，子どものいる女性の就業率より高い，②子どものいない女性の割合が増えている，③出産・育児期の女性，つまり20代後半から40代の女性の就業率が上昇している，④出生率の低下と女性就業率の上昇が時期的に一致している，などがみられるはずである．これらの事実が観察できれば，仮説が正しいことになる．

　ただし，これらの仮説のいくつかは公開されている「労働力調査」の結果だけでは検証できない．子どものいる女性といない女性の就業率の比較は，5年ごとに行われる厚生労働省の「就業構造基本調査」が適している．また，出生率については，国立社会保障・人口問題研究所のウェブサイトにある「人口統計資料集」をみるのがよい．

4.1.2 「賃金構造基本統計調査」にみる賃金のジェンダー格差

　次に，労働市場で働いている人たちに着目しよう．男性と女性では，どの程度賃金に差があるのだろうか．

　賃金に関するデータは，厚生労働省の「賃金構造基本統計調査」が最も詳しい．これは，毎年1回，およそ170万人の労働者を対象に行っている調査である．調査項目は，決まって支給する現金給与額，超過労働給与額（残業手当），所定内実労働時間，超過実労働時間，労働者の性別，最終学歴，年齢，勤続年

数，就業形態（フルタイムか，パートタイムか），雇用形態（正社員か，非正社員か），役職，職種，企業規模，産業などである．調査には労働者個人が回答するのではなく，事業所の担当者が賃金台帳を基に回答するため，賃金に関しては非常に正確な情報が提供されている．ただし，いわゆるサービス残業については記録がない．また，婚姻関係や家族構成については調査していない．

図4.2は，男女別年齢階層別にフルタイム労働者の平均月給を月平均労働時間で割って，1時間あたりの賃金を計算し，男女別に折れ線グラフにしたものである（注1）．注意しなければならないのは，この図は一時点の年齢階層別賃金を表したものであり，同じ人の賃金の変遷を描いたものではないということである．現在20～24歳の人の平均賃金が，10年後に図の30～34歳の賃金になるわけではない．景気がよければ，それより高くなるかもしれないし，景気が悪ければそれより低くなる可能性がある．また，賃金制度が年功的賃金制度から能力主義的賃金制度に変われば，年齢による賃金の変化は小さくなる．図は，大きな景気変動や賃金制度の変化がないと仮定した場合の，平均的個人の賃金の変遷を予測しているといえる．

図をみると，年齢別賃金は男女とも山型をしている．つまり，若いころは賃金が低く，年齢とともに上昇し，やがてピークを迎え，その後は賃金が低下する．

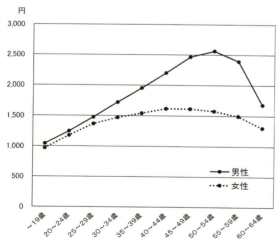

図 4.2 男女別年齢階層別時間当たり賃金（フルタイム労働者）
データ：厚生労働省「平成24年賃金構造基本統計調査」．

ただし，男女で大きく異なる点が二つある．
　一つは，賃金の水準である．どの年齢階層においても男性の賃金が女性より高い．男性全体の平均賃金は1,991円であるのに対し，女性全体の平均賃金は1,460円である．女性の賃金は男性の73%にすぎない．
　もう一つは，年齢に伴う賃金の変化である．男性は年齢とともに賃金が大きく上昇し，50代前半をピークに大きく低下するが，女性は年齢に伴う賃金の変化が大きくない．また，男性の賃金のピークは50代前半であるのに対し，女性は40代前半である．男性は，20代前半から50代前半にかけて賃金が2.1倍になるのに対し，女性は，20代前半から40代前半にかけて1.4倍にしかならない．
　なぜ，男女で賃金に格差があるのだろうか．いくつかの仮説が考えられる．
　①男女で従事している仕事の種類が異なる．女性は比較的単純な作業が多く，賃金の低い職種に就いている．
　②男女で働いている産業が異なる．女性の多くは，賃金が低い産業で働いている．
　③男女で勤務先の企業規模が異なる．女性の多くは，賃金が低い中小企業で働いている．
　④女性は出産で仕事を辞め，子どもが大きくなると再就職するため，勤続年数が短い．
　⑤男性は女性より役職者が多い．
　⑥女性は，教育訓練の機会が限られているため，仕事に必要な知識が増えず，技能が上達しない．
　ここでは，すべての仮説について検証することはしない．①から④の仮説は，e-Statで公開されている「賃金構造基本統計調査」の集計データによってある程度検証が可能である．興味のある読者は，是非検証を試みていただきたい．以下，4.1.3項で⑤の仮説を，4.1.4項で⑥の仮説を検証する．

4.1.3 「雇用均等基本調査」にみる役職者における男女の偏り

　男女間賃金格差の原因の一つに，女性管理職が少ないことがある．管理職に占める女性の割合は，「雇用均等基本調査」をみればわかる．「雇用均等基本調査」は，厚生労働省が毎年約6,000の企業と約6,000の事業所に対して，男女の雇用均等問題にかかわる雇用管理の実態を把握するために行っている調査である．こ

のうち，企業を対象にした調査では，2〜3年に1回，役職者に占める女性の割合を尋ねている．表4.1は，平成23年度調査の結果にみる役職別女性管理職割合である．

女性は，役員の18.5％，部長の5.4％，課長の6.3％，係長の12.6％と非常に少ない．一般社員より役職者の賃金が高いので，女性役職者が少ないことが賃金のジェンダー格差の一因であることは明らかである．

役職者のなかでは，役員に占める女性の割合が比較的高い．これは中小零細企業において女性の経営者が比較的多いためである．企業規模別にみると，例外もあるが，規模が小さいほど役員に占める女性の割合が高い傾向がある．従業員数10〜29人の企業では23.2％と，役員のおよそ4人に1人が女性である．これは，自分で起業したり，家族とともに経営したり，家族から経営を引き継いだ女性が

表4.1 役職別女性管理職割合（％）

		役員	部長	課長	係長
全体		18.5	5.4	6.3	12.8
産業	鉱業，採石業，砂利採取業	18.8	2.5	4.4	10.5
	建設業	19.5	1.9	2.1	4.5
	製造業	17.5	4.6	3.2	9.6
	電気・ガス・熱供給・水道業	2.9	0.5	1.0	3.3
	情報通信業	9.7	6.6	9.9	12.9
	運輸業，郵便業	16.0	2.5	3.2	8.1
	卸売業，小売業	17.5	6.9	8.8	16.9
	金融業，保険業	2.3	3.1	7.5	22.5
	不動産業，物品賃貸業	16.8	5.2	7.6	19.1
	学術研究，専門・技術サービス業	11.5	4.8	9.3	15.2
	宿泊業，飲食サービス業	26.3	10.5	10.1	20.5
	生活関連サービス業，娯楽業	29.3	17.6	19.1	23.6
	教育，学習支援業	21.9	10.5	14.0	25.7
	医療，福祉	44.9	38.9	49.5	59.4
	サービス業（他に分類されないもの）	20.9	7.0	12.5	16.9
企業規模	5,000人以上	1.7	2.0	3.2	9.8
	1,000〜4,999人	1.3	1.7	3.1	8.3
	300〜999人	4.3	1.7	3.8	9.2
	100〜299人	9.5	2.9	7.1	14.2
	30〜99人	18.6	9.1	8.6	17.6
	10〜29人	23.2	8.7	11.1	19.5

データ：厚生労働省「平成23年度雇用均等基本調査」

多いことを意味している．

役員以外の役職者についても，役員ほど極端ではないが，企業規模が小さいほど女性の割合が高い傾向がある．従業員数 300 人以上の中堅企業，大企業では女性が活躍しにくいことをこの表は示している．

表 4.1 は，また，産業によって女性の活躍の度合が大きく異なることを示している．女性役職者割合が最も高い産業は「医療，福祉」で，部長の 4 割，課長の 5 割，係長の 6 割が女性である．「生活関連サービス業，娯楽業」，「宿泊業，飲食サービス業」，「教育，学習支援業」でも，部長，課長の 1 割以上，係長の 2 割以上が女性である．

逆に，女性役職者が最も少ない産業は「電気・ガス・熱供給・水道業」で，女性の割合は，役員の 2.9%，部長の 0.5%，課長の 1.0%，係長の 3.3% にすぎない．「金融業，保険業」は，役員や部長など，上位の役職者に占める女性の割合は非常に低いが，係長に占める女性の割合は 22.5% と比較的高い．女性係長が順調に昇進すれば，将来は上位の役職においても女性の割合が高くなる可能性がある．

では，なぜ女性は企業で活躍しにくいのだろうか．「雇用均等基本調査」は，女性の活躍を推進する上での問題点を尋ねている．その結果をまとめたのが図

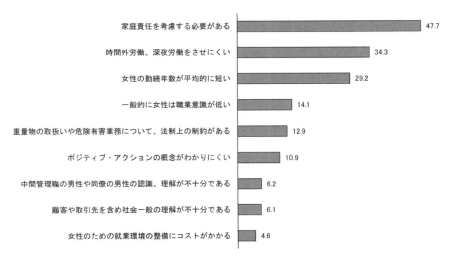

図 4.3 女性の活躍を推進する上での問題点
データ：厚生労働省「平成 23 年度雇用均等基本調査」．

4.3 である．それによると，最も多くの企業が問題点としてあげたのが「家庭責任を考慮する必要がある」である．「家庭責任」とは，家事，育児，介護などの責任のことを意味していると思われる．育児休業を取ったり，子どもが病気になったために突然休んだりするのは，ほとんどが女性である．

問題点として2番目に多くの企業があげた「時間外労働，深夜労働をさせにくい」であり，3番目に多くの企業があげたのが「女性の勤続年数が平均的に短い」である．いずれも，女性が家事や育児に責任をもっていることと深くかかわっている．家事や育児に責任をもっている女性は，男性のように自由に残業ができない．また，妊娠や出産を機に退職する女性が多いために，勤続年数が短くなる．このように，企業の言い分によれば，女性が家事，育児，介護などに責任をもっていることが，企業での活躍を妨げているのである．

4.1.4 「能力開発調査」にみる教育訓練の男女差

次に，教育訓練の機会が男女でどのように異なっているかをみよう．それに適した統計は，厚生労働省の「能力開発基本調査」である．この調査は，毎年，約7,000の企業，約7,000の事業所，約24,000人の労働者に対し，教育訓練や自己啓発の実態を尋ねている．教育訓練には，職場で仕事をしながら受けるもの（OJT）と，学校や訓練所など職場を離れて受けるもの（OFF-JT）がある．表4.2は，平成23年に，OFF-JTを受けた経験のある労働者の割合と，その平均時間を男女別にまとめたものである．平均受講時間は，受講者のみの平均と非受講者を含む労働者の平均の2種類を掲載している．

表4.2によると，男性正社員の42.0％がOFF-JTを受けているのに対し，女性正社員の33.0％しかOFF-JTを受けていない．また，受講者の平均受講時間も男性の方が長い．非受講者を含む正社員全体では，男性が女性の1.5倍ほどの時間のOFF-JTを受けている．

非正社員では，受講者割合は女性の方がわずかに高いが，受講者の平均受講時間は男性の方が長い．そのため，非受講者を含む全非正規労働者の平均受講時間は，男性が女性の1.5倍ほど長い．

表の下部の3行は，正社員と非正社員を合わせた全労働者の受講割合や平均受講時間を示している．これは，正社員の受講割合や平均受講時間の数字と非正社員の数字を，正社員数と非正社員数で加重平均して求めた．正社員数と非正社員

表 4.2 男女別教育訓練（OFF-JT）受講者割合・平均受講時間

		男性	女性
正社員	受講者割合	42.0%	33.0%
	平均受講時間（受講者のみ）	40.0 時間	32.9 時間
	平均受講時間（非受講者含む）	16.8 時間	10.9 時間
非正社員	受講者割合	18.7%	19.0%
	平均受講時間（受講者のみ）	20.2 時間	12.9 時間
	平均受講時間（非受講者含む）	3.8 時間	2.5 時間
全労働者	受講者割合	37.4%	25.4%
	平均受講時間（受講者のみ）	36.1 時間	22.0 時間
	平均受講時間（非受講者含む）	14.2 時間	6.3 時間

データ：厚生労働省「平成 24 年度能力開発基本調査」，総務省「労働力調査」（平成 24 年平均）

数は，「労働力調査」の結果を使用した．

一番下の行は，非受講者を含む全男性労働者の平均受講時間と全女性労働者の平均受講時間である．男性が受けている OFF-JT の時間は女性の 2.3 倍である．教育訓練の機会が男女で大きく異なることがわかる．これも，男女間賃金格差と一因といえよう．

4.1.5 まとめ：男女格差をとらえる統計データ

本節では，労働市場における男女格差について，さまざまな統計を紹介した．就業者率，賃金，役職者の割合，教育訓練の機会などにおいて大きな男女格差があることがわかった．ここで紹介した統計は，すべて政府が調査しているもので，e-Stat と呼ばれる政府統計のサイトにアクセスすれば，誰でも簡単に入手できる．

本節で紹介した統計以外にも，男女の生活実態の違いをとらえるのに有益なデータは多い．たとえば，家事時間，余暇時間，睡眠時間など，生活時間の男女差をみるには，総務省統計局が 5 年に 1 回行っている「社会生活基本調査」が役に立つ．内閣府男女共同参画室は，ジェンダーに関するさまざまな世論調査や実態調査を行っており，ウェブサイトで公開している．21 世紀職業財団は，企業における女性活躍の実態や女性活躍のための取り組みについての調査を行っており，それらの結果はウェブサイトで公開されている．

公表されている統計の多くは，そのままでは数字の羅列にすぎないので，必要

に応じて自分で加工することが大切である．グループごとの平均値をとる，グループ間の格差を計算する，グラフを描くなどの加工をすることにより，自分の考えをより説得的に主張することができる．

注1 厳密にいえば，女性の平均月収を女性の月平均労働時間で割って求めた女性の時間あたり平均賃金と，個人の時間あたり賃金を全女性で平均して求めた女性の時間あたり平均賃金とは異なる．女性の時間当たり賃金の平均値として望ましいのは後者であるが，「賃金構造基本統計調査」は個人のデータを公表していないため，ここでは前者の値を用いている．

文　献

1) 厚生労働省（2012）「平成23年度雇用均等基本調査」
   http://www.e-stat.go.jp/SG1/estat/GL08020101.do?_toGL08020101_&tstatCode=000001051898（2014年12月26日閲覧）
2) 厚生労働省（2013a）「平成24年賃金構造基本統計調査」
   http://www.e-stat.go.jp/SG1/estat/NewList.do?tid=000001011429（2014年12月26日閲覧）
3) 厚生労働省（2013b）「平成24年度能力開発基本調査」
   http://www.e-stat.go.jp/SG1/estat/NewList.do?tid=000001031190（2014年12月26日閲覧）
4) 総務省（2014）「労働力調査（長期時系列データ）」
   http://www.stat.go.jp/data/roudou/longtime/03roudou.htm（2014年12月26日閲覧）

4.2　［解説編］変数間の関係から社会問題を見つけ出す：回帰分析の考え方

テレビや新聞のニュースをみていると，いろいろな疑問が湧いてくる．なぜ日本の出生率は低いのだろうか，なぜ結婚する人が減っているのだろうか，なぜ精神疾患が増えているのだろうか，利潤の高い企業はどのような経営戦略をとっているのだろうか，給料の額は何によって決まるのだろうか……．このような疑問に答えることは，社会問題を解決したり，より住みやすい社会制度を作るうえで重要である．

このような疑問に答える一つの方法が回帰分析である．回帰分析の基本的考え方は，「原因と結果の間には，統計的相関関係がある」ということである．たとえば，出生率低下の原因が，保育所不足が原因であれば，保育所の待機児童数が多い地域ほど出生率が低いはずである．また，労働時間が長いことが精神疾患の

原因であれば，労働時間が長い企業ほど精神疾患になる従業員が多いはずである．このように，ある現象とその原因と思われる要因の相関関係を計測することにより，仮説が正しいか否かを検証するのが回帰分析である．

回帰分析は，また，原因と思われる要因が複数存在するときに，どの要因がどの程度重要な原因であるかを計測することができる．たとえば，賃金の決定要因として，勤続年数，年齢，教育年数，業績など複数の要因が考えられる．このとき，回帰分析を適用すれば，どの要因がどの程度重要な決定要因であるかを計測できる．それによって，所得格差が拡大している原因を解明したり，企業による賃金制度や人事戦略の違いを明らかにすることが可能になる．

本節では，4.2.1 項で説明変数が一つしかない単回帰分析を紹介する．続いて，4.2.2 項で説明変数が複数ある重回帰分析を紹介する．4.2.3 項では回帰分析と因果関係について説明し，4.2.4 項で本節をまとめる．

4.2.1 単回帰分析

まず，最も基本的な回帰分析の方法である単回帰分析を紹介する．例として架空の企業 X 社の営業部を取り上げる．X 社営業部は従業員 10 人の一般社員からなる．この部署の従業員一人ひとりの時間あたり賃金（以下，単に「賃金」という）と勤続年数は表 4.3 のとおりである．

説明変数と被説明変数

X 社営業部では，勤続年数が 1 年延びると賃金がいくら上昇するだろうか．そ

表 4.3 X 社営業部における従業員の賃金と勤続年数

従業員名	賃金（円）	勤続年数（年）
A	1,044	1
B	1,034	2
C	990	4
D	1,234	5
E	1,578	5
F	1,268	7
G	1,646	8
H	2,090	10
I	1,833	13
J	2,024	15

れを計測する方法が単回帰分析である．勤続年数によって賃金を説明するので，勤続年数を説明変数，賃金を被説明変数と呼ぶ．表 4.3 の勤続年数と賃金を図にすると，図 4.4 のようになる．

　図 4.4 の一つひとつの点は，それぞれの従業員の勤続年数と賃金の値を示している．たとえば，一番左の点は，従業員 A の勤続年数（1 年）と賃金（1,044 円）を，一番右の点は従業員 J の勤続年数（15 年）と賃金（2,024 円）を示している．

　全体的に，勤続年数が長いほど賃金が高い傾向にあることがわかる．それをわかりやすく描いたのが図 4.5 である．図 4.5 は，平面上に散らばった 10 個の点のほぼまんなかを貫くように直線を引いている．この直線を線形近似曲線という．

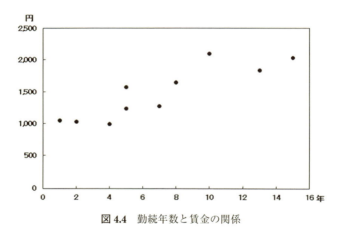

図 4.4 勤続年数と賃金の関係

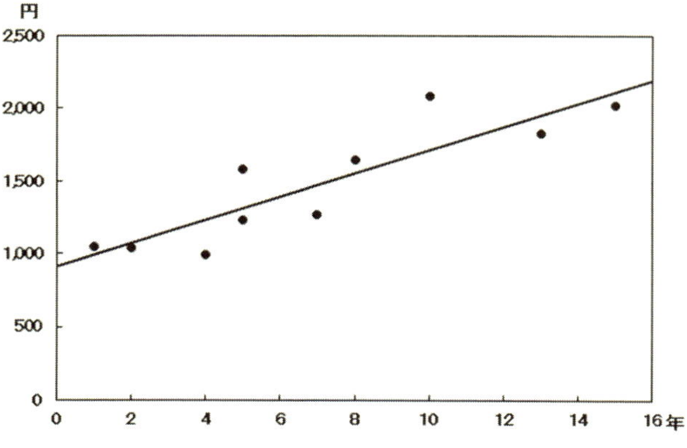

図 4.5 勤続年数と賃金と線形近似曲線の関係

単回帰分析とは，このような直線を引くことに他ならない．しかし，散らばった点の「ほぼまんなかを貫く」という表現は曖昧である．どのような直線が散らばった点の「ほぼまんなかを貫く」直線であるかの判断は人によって異なるだろう．それでは科学とはいえない．

実測値・予測値・残差

曖昧さを除くには，誰が引いても同じ直線になるように，直線の引き方のルールを決めなければならない．次に，そのルールについて説明しよう．

線形近似曲線は，見方を変えれば，勤続年数が与えられたときの賃金の予測値であるといえる．つまり，勤続年数の情報を得たとき，その人の賃金をどのように予測するか，その予測値の集合が線形近似曲線である．それに対し，実際の従業員の賃金の値を実測値という．実測値と予測値の差が残差である．

図 4.6 は，実測値と予測値と残差の関係を描いている．点 C は従業員 C の勤続年数と賃金の実測値を示している．勤続年数は 4 年，賃金は 990 円である．線形近似曲線上の点 C′ は，勤続年数が 4 年の従業員の賃金の予測値である．点 C は，点 C′ の位置よりかなり下にある．つまり，負の残差がある．

また，点 H は，従業員 H の勤続年数と賃金の実測値を示している．勤続年数は 10 年，賃金は 1,833 円である．点 H′ は，勤続年数が 4 年の従業員の賃金の予測値である．点 H は，点 H′ の位置よりかなり上にある．つまり，正の残差がある．

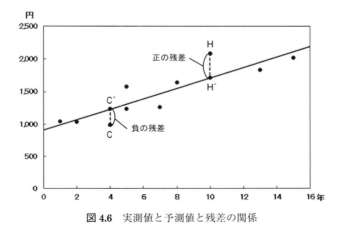

図 4.6 実測値と予測値と残差の関係

最小二乗法

図 4.6 では，2 人の従業員の残差しか描いていないが，すべての従業員について残差を測定することが可能である．それぞれの従業員の残差を 2 乗して，その値をすべての従業員について合計した値を残差の 2 乗和という．最小二乗法とは，この残差の 2 乗和が最小になるように直線を引く方法である．

直線を引く方法は，これ以外にもあるが，最小二乗法が最もよく用いられる方法である．残差をそのまま合計しないで，2 乗して合計するのは，残差には正と負があるためである．残差の合計が 0 となるような直線は無数に存在するため，残差をそそまま合計するという方法では直線を確定できない．

係数・標準誤差・有意水準

単回帰分析の結果は，図ではなく表で示すのが一般的である．表 4.4 は，標準的な結果表である．「係数」の下には二つの数字がある．「勤続年数」の右の数字 80.2 は図 4.5 における直線の傾きである．これは，勤続年数が 1 年延びると賃金が 80.2 円上昇すると予測されることを意味している．それに対し，「定数」の右にある数字は図 4.5 における直線と縦軸が交わる点の値である．これは，勤続年数が 0 の人（新入社員）の賃金が 912.9 円と予測されることを意味している．

「係数」の右にある「標準誤差」とは，係数の推定にどの程度の誤差があるかを示す指標である．図 4.5 で説明すれば，実測値を示す点が線形近似曲線に近い位置にあるほど標準誤差は小さくなる．もし，実測値がほとんど直線上に並んでいれば，標準誤差は 0 に近くなる．

「標準誤差」の右にある「有意水準」とは，統計的検定において，帰無仮説（例では「係数の値が 0 である（勤続年数は賃金に影響しない）」）が正しいにもかかわらず棄却されてしまう確率（詳しい説明は第 1 章 p. 22 参照）である．こ

表 4.4　賃金の推定結果（単回帰分析）

説明変数	係数	標準誤差	有意水準
勤続年数	80.2	15.4	0.001
定数	912.9	126.5	0.000
決定係数	0.773		
観測数	10		

有意水準は P-値，$P>|t|$ などと表示されることもある．
決定係数は $R2$, R^2 などと表示されることもある．

の値が 0.05（5％）より小さければ，帰無仮説は 5％ 水準で棄却される．この 5％ という数字が，社会科学では最も一般的に用いられる基準である．表 4.4 の場合，勤続年数の行の有意水準の値が 0.001 であるから，帰無仮説は 5％ 水準で棄却され，「係数の値は 0 でない（勤続年数は賃金に影響する）」と結論することができる．また，係数の値が 80.2 と正の値であることから，勤続年数は賃金に対してプラスの影響がある．すなわち，勤続年数が延びると賃金が上昇すると判断してよいことになる．

決定係数

　回帰分析によって得られた直線（線形近似曲線）が，どの程度の説明力をもっているかを表す指標が決定係数である．決定係数は，0 と 1 の間の値をとり，実測値の変動の何パーセントを説明できるかを示す指標である．図 4.6 を例にとると，残差が大きいほど決定係数は小さく，残差が小さいほど決定係数は大きくなる．直線がすべての実測値を通る場合，いいかえれば，実測値が直線上に並んでいる場合，決定係数は 1 となる．これは，勤続年数によって賃金がすべて説明できるという意味である．

　逆に勤続年数の係数が 0 に近く，標準誤差が大きいほど，決定係数は 0 に近づく．これは，勤続年数によって賃金は説明できないことを意味する．

4.2.2　重回帰分析

　単回帰分析は，説明変数が（定数を除けば）一つしかない．それに対し，説明変数が二つ以上あるような回帰分析を重回帰分析という．重回帰分析は単回帰分析の単純な拡張である．ただし，説明変数が複数になると，平面上の図で説明するのは難しくなる．ここでは，説明変数が二つある場合を例にあげて重回帰分析を説明する．

　表 4.5 は，表 4.3 と同じ X 社営業部従業員の賃金表である．ただし，賃金と勤続年数に加えて，昨年それぞれの従業員が達成した契約件数を掲載している．

　表 4.5 から，契約件数が多いほど賃金が高くなる傾向があることがわかる．もし，単回帰分析を行えば，契約件数の係数は有意に正であることが予想される．しかし，ここでは単回帰分析は省略して，重回帰分析を行ってみよう．説明変数として，勤続年数と契約件数の二つを用いる．

表 4.5 X社営業部における従業員の賃金,勤続年数,契約件数

従業員名	賃金(円)	勤続年数(年)	契約件数(件)
A	1,044	1	2
B	1,034	2	1
C	990	4	0
D	1,234	5	4
E	1,578	5	7
F	1,268	7	4
G	1,646	8	8
H	2,090	10	11
I	1,833	13	10
J	2,024	15	12

　説明変数が二つになっても,回帰分析の考え方は単回帰分析と同じである.平面ではなく,3次元の空間のなかに,各従業員の賃金,勤続年数,契約件数の値を座標とする点が散らばっている状態を想像していただきたい.その空間のなかに,直線ではなく,平面を描くのが重回帰分析である.その平面は,各自の勤続年数と契約件数が与えられたときの賃金の実測値と予測値の差の2乗の合計が最小となるように描かれる.

　表4.6は,重回帰分析の推定結果である.説明変数の上から二番目に契約件数が入っている点が表4.4の結果と異なる.しかし,違いはそれだけではない.勤続年数の係数が,80.2から-1.4へと大きく低下している.そして,その有意水準の値は,0.001から0.906に上昇している.有意水準が5%をこえるということは,係数はほとんど0とみなしてよいということを意味する.それに対し,新しく加わった契約件数の係数は97.0であり,有意水準は0.000である.つまり,契約件数の係数は5%水準で有意に正である.

　また,決定係数は,0.773から0.997へと上昇している.新しく説明変数を加

表 4.6 賃金の推定結果(重回帰分析)

説明変数	係数	標準誤差	有意水準
勤続年数	-1.4	11.2	0.906
契約件数	97.0	11.9	0.000
定数	911.3	41.8	0.000
決定係数	0.978		
観測数	10		

えることによって，推定の残差が小さくなったことを意味する．説明変数を加えると，必ず決定係数は大きくなる．どんなに説明力のない説明変数でも，推定の残差を小さくするように作用するからである．

表4.4の単回帰分析と表4.6の重回帰分析の結果を比べて，勤続年数の変数が大きく低下している事実はどのように解釈すればいいのだろうか．これらの推定結果は以下のように解釈するのが妥当だろう．

X社営業部の賃金は，従業員の業績である契約件数によって決められている．しかし，営業の技能は，経験に依存するため，契約件数は勤続年数とともに多くなる傾向がある．したがって，勤続年数は，契約件数を通じて間接的に賃金を高めているが，賃金の直接的決定要因ではない．

このように，賃金の決定要因として，いくつかの候補があるとき，重回帰分析をすれば，どれが本当の要因であるかを識別することができる．単回帰分析で有意な関係がみられても，そこで用いられた説明変数が決定要因とは限らないのである．

4.2.3 相関関係と因果関係

回帰分析で注意しなければならないのは，それが因果関係を証明しているわけではないということである．4.2.2項の例でいうと，説明変数と被説明変数を入れ替えて，賃金を説明変数，勤続年数を被説明変数として推定しても，説明変数の係数は有意に正となる．しかし，それは，賃金が上がることによって勤続年数が延びたことを意味しているわけではない．

いずれの変数が原因で，いずれの変数が結果であるかは，原則として分析者が事前に決めるものであって，回帰分析によって証明されるわけではない．勤続年数が賃金の決定要因であるならば，両者の間には強い相関関係にあるという前提の下に，回帰分析を行っているにすぎない．

4.2.4 おわりに：回帰分析を実際に使ってみよう

本節では，回帰分析の考え方と基本的な推定方法を説明した．回帰分析を用いれば，本節の冒頭であげた，少子化，晩婚化，精神疾患の増加，企業利潤など，さまざまな社会経済現象の原因について分析が可能である．原因と思われる諸変数を説明変数に，結果と思われる変数を被説明変数にして回帰分析をすることに

> **コラム**　　　　　　　　　　ダミー変数
>
> 　回帰分析に用いる変数は数値に限られる．しかし，数値では表せない質的な属性を分析したいこともある．たとえば，賃金の推定をする場合，勤務先の産業（業界）は重要な情報である．産業によって人材育成方法，報酬制度，男女比率，学歴構成，利益率，成長率などが異なる．そのような産業独自の属性を考慮した上で賃金の推定をしたい場合は，「産業」という変数が利用できれば便利である．しかし，産業には「製造業」や「金融業・保険業」などの名前がついており，それ自体は数値ではない．そのような質的な属性を数値化するために用いられるのがダミー変数である．
>
> 　ダミー変数は1か0の値しかとらないという特徴がある．たとえば，勤務先が製造業であれば1，それ以外であれば0を付与する変数を製造業ダミーという．「金融業・保険業」であれば1，それ以外であれば0を付与する変数は金融業・保険業ダミーである．このようにして，産業大分類であれば16種類のダミー変数を作成することができる．回帰分析の際には，16種類の産業ダミーのうち，基準となる産業（たとえば製造業）を除き，それ以外の15種類の産業ダミーを説明変数として用いることができる．賃金を被説明変数とする回帰分析の場合，各産業ダミー変数の係数は，基準となる産業の賃金との差を意味する．
>
> 　ダミー変数は，産業以外にもさまざまな質的属性の数値化に使用される．学歴の数値化であれば，大卒者ダミー，短大卒者ダミー，高卒者ダミーなど，配偶関係の数値化であれば，有配偶ダミー，未婚ダミー，離別ダミー，死別ダミーなど，企業規模であれば，大企業ダミー，中堅企業ダミー，中小企業ダミー，零細企業ダミーなどの作成も可能である．
>
> 　さらに，ダミー変数を被説明変数として使用することもある．たとえば，有配偶女性のサンプルから子どものいる人を1，いない人を0とする「子ども有り」ダミーを作成し，これを被説明変数とする．説明変数に，本人の学歴ダミー，本人の年齢，夫の年収などを用いることにより，女性の学歴上昇が少子化に及ぼす影響を推測することができる．

より，どの説明変数が主要な要因であるかを見つけ出すことができる．

　回帰分析を理解するには，実際に使ってみるのが一番である．回帰分析を行うための統計ソフトにはいろいろあるが，最も初心者に向いているのはExcelである．Excelは広く普及しており，手軽に利用できる．本節の回帰分析と結果の作表および作図もすべてExcelを使った．簡単な回帰分析であれば，Excelで十分である．Excelを使った人事データ解析の入門書に，大阪大学大学院国際公共政

策研究科人事統計解析センター (2006) がある.

　ただし, 少し上級になると Excel では物足りなくなる. たとえば, サンプルのなかからある属性のものだけを抜きだすとか, 変数どうしを足したり掛けたりして新しい変数を作り出すというような作業は, Excel では大変な手間がかかり, ミスを犯す危険性がある. サンプルが大きい場合も扱いにくい.

　本格的統計ソフトのなかで初心者にも使いやすいのは SPSS である. SPSS は IBM 社の統計用ソフトで, Excel と比べて価格も高いが, Excel では物足りないという人にはお薦めである. 近年, 大学によっては, 共用のパソコンに SPSS などの統計用ソフトがインストールされており, 学生が自由に使用できるようになっていることがある. そのような場合は SPSS を使って回帰分析を試していただきたい.

文　献

1) 大阪大学大学院国際公共政策研究科人事統計解析センター (2006)『Excel で簡単 やさしい人事統計学』日本経団連出版

5. 問題の時間的変化を把握する

●古田和久

5.1 ［事例編］学歴の価値は低下したか？：学歴による職業格差の趨勢

　現代社会の変化を特徴づける鍵概念として，グローバル化，情報化，少子高齢化など，さまざまなレベルの概念がある．格差や不平等の問題も，雇用環境が悪化した1990年代後半以降の社会状況のなかで注目されてきたものであり[1,2]，近年では，ワーキングプアや子どもの貧困といった，とくに困難を抱えた層に焦点があてられることも多い[3,4]．

　こうしたさまざまな概念は，現代社会が大きく変容しつつあるという印象を与える．本章で取り上げる教育を取り巻く社会状況についていえば，学力や大学進学の階層間格差が急速に拡大した，就職難によって大卒者でも安定した職を得られるわけでなく学歴の価値が低下した，といった印象がもたれることも多い．

　しかし，単なる印象や身近な事例だけではイメージが先行している可能性も大きく，社会全体でどのような変化が実際に生じているかはわからない．ここに社会調査で得られたデータを使って，客観的に社会の変化をとらえていこうとする意義がある．本章は社会階層論と学歴社会論の観点から職業格差の問題を世代間で比較することによって，歴史的な動きのなかに現在の格差がどう位置づくかを検討したい．

5.1.1 社会階層と教育研究の枠組み

　まず，格差や不平等の問題を考えるために，教育を中心に据えた基本的視座を紹介しておこう．ここで教育に軸足をおくのは，現代社会では個人は教育制度を経由して職業についていくためであり，そこでの結果が職業や所得における格差と深くかかわっているからである．一方で，教育を受け学歴を取得することにお

いても，出身背景の影響がみられるためでもある．また格差拡大が懸念されるなかにあって，教育の平等化を通して格差を縮小させようとする期待も根強くある．

図5.1はこの研究分野の枠組みを模式的に表しており，社会階層と教育の研究でよく用いられるものである．ここで，社会階層とは社会的資源が不平等に分配されていることを指すが，出身階層の指標として親の職業や所得，学歴が用いられる．教育は個人の教育歴を示し，最終学歴によって区分されることが多い．具体的には，中学卒，高校卒，大学卒といった「タテの学歴」と，どの学校を卒業したかによって示される「ヨコの学歴」（学校歴）がある．そして到達階層とは，個人がどのような社会的地位を獲得したかを示し，職業的地位や所得がその指標となる．

また，矢印は一方から他方への影響関係を意味し，三つの側面に分けられる．第一に，「出身階層→教育達成」は教育達成における格差の側面であり，実際の分析では，たとえば出身階層によって大学進学率がどのくらい異なっているかを見極めようとする．第二に，「教育達成→到達階層」は，教育歴がその後の職業や昇進，所得にどの程度影響するかを問う視点である．学歴社会論では古くからこの側面に注目してきたが，最近では吉川が大卒/非大卒の違いが社会生活のさまざまな格差に密接にかかわっていることを「学歴分断社会」と呼んで強調している[5]．そして第三に，「出身階層→到達階層」は世代間の社会移動であり，親の職業から子どもの職業への移動（社会的地位の上昇や下降）の多寡を分析し，社会の開放性を測定してきた．親子間の職業継承性が強いならば，個人が職業を選択できる余地が少なく，閉鎖的な社会とみなされるのである．

この枠組みのもと，社会にいかなる変化が起こったかを考えることにしよう．社会の変化にも短期的変化と長期的な変化があるが，長期的観点からみれば，産

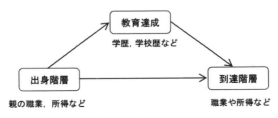

図5.1 「社会階層と教育」研究の枠組み

業化や高学歴化が起こったことに間違いない．すなわち，かつての日本は農業などの第一次産業中心の社会であったが，これが急速に縮小し，戦後の高度経済成長を経て，第二次産業の増加そして第三次産業中心の社会となった．同時に，高校や大学などの進学率が上昇し，義務教育以上の段階の教育を受ける割合も急激に増加してきたのである．

こうした動向のなかで，図の矢印で表された影響関係は強くなったのか，それとも弱くなったのかという視座から社会の変化を考えてみよう．たとえば，大学進学者がごくわずかだった頃と現在のように同年齢人口のおよそ半数が進学する時代を比較すれば，「出身階層→教育達成」の影響関係は弱くなったのか，それともあまり変化していないのか，という問いがある．意外に思われるかもしれないが，出身階層間の格差はあまり変化していないか，若干縮小傾向にあることが明らかにされており，格差が大幅に縮小したとする証拠はない[6,7]．これに対して「教育達成→到達階層」の次元では，「学歴インフレーション」といわれるように大卒者が増えたことによって大卒学歴の価値は低下した可能性が一方にはある．そして，他方には学歴と職業の結びつきは依然として大きく，過去と比べてもそれほど変化していない可能性もある．また，社会移動に関しても親子間の職業継承性に関する複数の仮説があるが，最新の分析によると，出身階層と到達階層の結びつきが一貫して強まったり弱まったりする傾向はみられず，安定的であることが報告されている[8,9]．

以上のように，社会の変化を予想する複数の仮説があるが，どのような見方が現実により適合しているかは実際に確かめてみないとわからない．本節では学歴と職業の関連に焦点を絞り，複数回実施されてきた社会調査データの分析結果を示すことによって，歴史的な動きのなかに現在を位置づけることを試みる．

5.1.2 データと変数

SSM データの特徴

本章で使用するのは「社会階層と社会移動全国調査（SSM 調査）」である．この調査は 1955 年から 10 年ごとに実施されており，2005 年で 6 回目を数えている．各回，日本社会の有権者を母集団とし，そこから無作為に選ばれた 20 歳から 69 歳の成人を対象としてきた．1955 年調査から 1975 年調査までは対象者を男性に限定していたが，1985 年以降は女性も対象者に含まれるようになった．

調査項目には，対象者の親と本人の社会階層に関する項目を中心に，教育経験や社会意識など多様な項目が含まれている．とくに対象者の職歴に関しては，初めについた職業から現在の職業まで切れ目ない詳細な情報を収集していることに大きな特徴がある．各回の研究成果は報告書のほかに，複数巻の書籍が刊行されている．また，データは東京大学社会科学研究所附属社会調査・データアーカイブ研究センターのデータアーカイブで公開されている．

これまでの6回にわたる調査の対象者のうち，最年長の世代は1955年調査で69歳であった者であり，対して最年少は2005年調査で20歳の者である．したがって，6回分のデータを累積すれば，出生年にして1886年生まれから1985年生まれまでの者が含まれることになる．いま，この出生年を10年ごとに区切り，対象者の出生コーホートと各調査時点との関係をみてみよう（表5.1）．なお，コーホートとは，ある一定の時期に特定のイベントを経験した人々のことであり，単にコーホートといえば，通常，出生コーホートを意味する[10]．

ここから調査時点と出生コーホートとの関係がわかる．1955年調査には，1886-95年から1926-35年生まれが，一方2005年調査には1936-45年から1976-85年生まれが中心となる（ただし調査設計上，1995年と2005年調査にはそれぞれ1925年と1935年生まれが含まれる）．時点を経るにしたがって，古いコーホートの退出と新しいコーホートの参入が生じ，隣接する調査間では出生年にして10年分の対象集団がおきかえられる．結果，1955年調査と2005年調査では

表5.1 SSMデータの構造

出生年	調査年					
	1955	1965	1975	1985	1995	2005
1886-95	219					
1896-1905	352	186				
1906-15	443	351	269			
1916-25	479	411	415	321 (199)	37 (33)	
1926-35	521	649	648	534 (336)	525 (521)	13 (18)
1936-45		480	708	593 (326)	508 (625)	714 (778)
1946-55			684	617 (368)	666 (759)	631 (787)
1956-65				408 (245)	408 (542)	523 (594)
1966-75					346 (387)	490 (559)
1976-85						289 (346)

表の数値はサンプルサイズ，（ ）内は女性．

完全におきかわっていることが確認される．

　このような繰り返し調査から変化をとらえる際に注意しなければならないのは，各回の調査間で対象世代の重なりができることである．したがって，もし単純に調査時点間での比較を行ったならば，世代の重なりが大きいために，変化への感度が鈍くなる可能性もある．もちろん研究目的によるが，世代差に主眼があればその重なりが生じないようにデータセットを構成し分析することも多い．たとえば，コーホート間の比較分析がある．このとき，コーホートをどのように区分するかも重要な検討事項となる．古い世代から5年や10年幅で機械的に区分することもあれば，なんらかの仮説に照らして分けることもある．いずれを選択するかは，研究関心とサンプルサイズという実際的な問題によって決まる．あるいは，各調査時点の対象者から一定の年齢層の者を取り出し，時点間で比較することもある．たとえば，現在（調査時点）の職業的地位を分析する場合，そこには最近就職した者から定年間近の者まで幅広い年齢層を含むので，各回の対象者から25から34歳の者を取り出し調査時点間で比較すれば，若年層の職業達成の趨勢を描くことができる．

　また，調査時点間でデータが比較可能であるかを確認しておく必要もある．かりに変数の定義がある時点で変わっているとすれば，その前後での比較は難しい．意識項目であれば，ワーディングや質問順序によってまったく違ったトレンドを示す可能性もあるという[10]．したがって，調査票やコードブックといった調査資料を注意深く検討する必要がある．複数時点のデータを扱う際にはこうした点にも留意しながら，分析を進めていくことになる．

　なお以下では，分析対象を25歳以上の男性に限定した．これは，かつては男女によって学歴の意味が違っており，学歴を手段に職業につくというのは主として男性にあてはまったものだったからである．

利用する変数

　続いて，この分析で利用した変数の説明をしておく．まず，学歴は旧制の学歴も含めて対象者の最終学歴から，中学（義務教育），高校，大学（短大・高専を含む）の3分類とした．職業は初めてついた職業（初職）の情報を利用した．個人の職業経歴のうち，いずれの時点の職業に着目するかというのは重要な論点だが，初職は職業キャリアの始点に位置し，その後の職業経歴に大きく影響するこ

とが知られている．また初職に注目すれば，最近の就職動向を含めた長期趨勢を描くことができるという利点がある．なお，職業分類については，単純化のためにホワイトカラー（専門，管理，事務），グレーカラー（販売，サービス），ブルーカラー（熟練，半熟練，非熟練），農業（林業・漁業を含む）の4分類を用いた（職業分類については原・盛山[8]などを参照のこと）．最後に，本論の主題である世代間の社会の変動を調べるために，入職年を10年ごとに区切った入職コーホートを設定した（サンプルサイズの関係から最も古いコーホートと最も新しいコーホートの二つは15年幅とした）．この変数により，各時代で学歴と職業の関係がどう変化してきたのかを吟味するのである．

5.1.3 学歴と職業からみた社会の変容
職業構造の変動

はじめに，初職分布の長期的趨勢を確認しておこう．SSM調査では，1955年以降，対象者の初職から現在の職業まで，切れ目のない詳細な職歴データを収集してきたので，入職年にしておよそ100年間の動向を描くことができる．図5.2には初職入職年ごとに人々がどのような職業についてきたか，その職業構成の連続的変化を示している．単年ごとでは各入職年のサンプルサイズが小さく，傾向がつかみにくくなるので，前後2年ずつを加えた5年幅の移動比率法[11]により求めた（注1）．

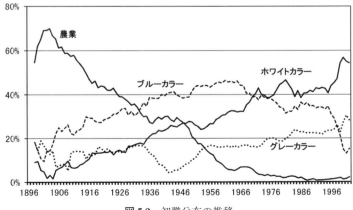

図 5.2 初職分布の推移

図 5.2 からも明らかなように，この 1 世紀の間に職業構成は一変している．か つては初職で農業につくことが 7 割程度とかなり一般的であったが，この割合は 急激に低下している．詳しくみると，農業層の縮小は 1930 年代後半からのおよ そ 10 年間いったん停滞したものの，その後，高度成長期に向けて再び縮小が起 こっている．他方，事務職や専門職（管理職として初職につく者はほとんどいな い）から構成されるホワイトカラー職が着実に増えている．また，ブルーカラー 職は 1960 年代の高度成長期に最も多くなり，その後縮小傾向にある．なお， 1940 年を中心にみられる，グレーカラー職の急激な縮小などやや特異な動きは 戦争の影響があると思われる．

このような職業分布の変化とともに教育が拡大してきたのだが（SSM データ から同じ方法を用いて学歴構造の変化を描いたものについては，近藤・古田[7]を 参照のこと），こうした動きをデータから確認すれば，この間の社会変動がいか に大きかったのかを実感させられる．ただし，これらは職業分布や学歴分布のそ れぞれの動きであって（次節の表 5.2 でいえば合計欄に示されている学歴構成と 初職の分布を入職コーホートで比較したものに対応する），教育と職業の関連が どのように変化してきたのかはわからない．この点を明らかにするためには，学 歴と職業の関連構造を吟味しなければならない．

学歴と職業の関連性

そこで，学歴と初職のクロス表を作成し，その関連を分析しよう．クロス表は 質的変数どうしの関連を調べる出発点となるが（くわしい説明は第 1 章 p.27 参 照），ここでは時点間の変化に関心があるので，やや煩雑だが第 3 変数に入職 コーホートを加えて，学歴と初職のクロス表を作成した（表 5.2）．表には，各 入職コーホートの学歴分布も併せて表示しており，教育拡大の状況も同時に確認 することができる．また表には示していないが学歴水準の上昇と関係して，初職 入職時の平均年齢は最も古い入職コーホートで 15.6 歳だったのが，最も新しい 入職コーホートでは 21.2 歳であった．

この表から次の傾向が読み取れる．まず，大卒者はホワイトカラー職につく割 合が圧倒的に高い．その割合にはコーホートによる違いが観察されるものの，す べてのコーホートで大卒者の 6 割以上がホワイトカラーとして職業経歴を開始し ている．次に，中学卒のおもな職業はブルーカラー職と農業であり，古いコー

表 5.2 入職年別の学歴×初職のクロス表 ($N=11,620$)

入職年	学歴	初職 ホワイト	グレー	ブルー	農業	計	N	学歴構成 (％)
1906-20	大学	88.9	0.0	3.7	7.4	100.0	(27)	5.1
	高校	24.4	34.1	19.5	22.0	100.0	(41)	7.7
	中学	5.0	11.4	26.7	56.9	100.0	(464)	87.2
	計	10.7	12.6	25.0	51.7	100.0	(532)	100.0
1921-30	大学	80.0	7.3	9.1	3.6	100.0	(55)	6.1
	高校	36.9	18.9	22.1	22.1	100.0	(122)	13.5
	中学	5.1	14.0	35.6	45.3	100.0	(728)	80.4
	計	13.9	14.3	32.2	39.7	100.0	(905)	100.0
1931-40	大学	83.5	6.0	9.8	0.8	100.0	(133)	9.6
	高校	38.0	14.6	33.2	14.2	100.0	(295)	21.4
	中学	6.1	14.2	40.8	38.9	100.0	(951)	69.0
	計	20.4	13.5	36.2	29.9	100.0	(1,379)	100.0
1941-50	大学	74.2	6.5	14.2	5.1	100.0	(275)	13.0
	高校	45.7	6.6	31.1	16.6	100.0	(608)	28.8
	中学	6.3	6.4	50.0	37.3	100.0	(1,231)	58.2
	計	26.5	6.5	39.9	27.2	100.0	(2,114)	100.0
1951-60	大学	76.7	12.2	10.3	0.8	100.0	(378)	15.9
	高校	29.5	17.9	42.1	10.4	100.0	(1,053)	44.2
	中学	3.1	14.0	60.9	22.0	100.0	(950)	39.9
	計	26.5	15.5	44.6	13.5	100.0	(2,381)	100.0
1961-70	大学	74.2	15.6	10.1	0.2	100.0	(527)	25.4
	高校	26.7	19.0	47.3	7.0	100.0	(1,124)	54.3
	中学	2.6	10.5	75.2	11.7	100.0	(420)	20.3
	計	33.9	16.4	43.5	6.2	100.0	(2,071)	100.0
1971-80	大学	64.3	19.2	14.8	1.8	100.0	(501)	43.2
	高校	25.5	17.4	53.4	3.7	100.0	(599)	51.6
	中学	1.6	13.1	80.3	4.9	100.0	(61)	5.3
	計	41.0	17.9	38.2	2.9	100.0	(1,161)	100.0
1981-90	大学	67.1	23.0	9.6	0.3	100.0	(322)	46.8
	高校	20.8	21.7	54.5	3.0	100.0	(336)	48.8
	中学	3.3	23.3	70.0	3.3	100.0	(30)	4.4
	計	41.7	22.4	34.2	1.7	100.0	(688)	100.0
1991-2005	大学	65.6	23.6	9.9	0.9	100.0	(212)	54.5
	高校	22.3	22.9	53.6	1.2	100.0	(166)	42.7
	中学	9.1	18.2	63.6	9.1	100.0	(11)	2.8
	計	45.5	23.1	30.1	1.3	100.0	(389)	100.0

ホートでは農業，戦後のコーホートではブルーカラー職が多数を占めている．さらに，高校卒は初職でホワイトカラーとブルーカラーにつく割合が高いが，これも入職時期によって異なる．戦前および戦中の入職コーホートではホワイトカラーに入職する割合が高かったようだが，高度成長期を含む1951-60年入職コーホート以降は，ブルーカラーとして就職する者の方が多くなっている．また，グレーカラー職はどの学歴からも一定程度の入職者がおり，学歴差が最も小さい職業カテゴリーだといえる．以上のような入職時期ごとのクロス表を比較することで，学歴による職業構成の長期的な変遷を描くことができる．

しかし，ここまでの分析では学歴と職業との対応関係が強まったのか，弱まったのか，それとも変化していないのかがはっきりしない．一般的にいえば，独立変数（学歴）と従属変数（職業）との関連の強さが第3変数（世代）の水準によって異なっているか，つまり変数間に交互作用が存在するかどうかがわからない．かりに学歴と初職の関連が強まったとすれば，学歴による就職時の職業格差が拡大したということになるし，逆に弱まっているならば，教育拡大によって学歴インフレが進行してきたという見方が支持される．あるいは，学歴および職業構成の劇的な変動とは対照的に，それらの関連構造自体はあまり変化していない可能性も十分にある．

そこで，これらのうちいずれの見方がより妥当かを検証するために，上の3変数からなるクロス表に対数線形モデル（ログリニアモデル）をあてはめてみよう（対数線形モデルの詳細は次節で説明）．対数線形モデルはカテゴリカル変数間の関連を分析する方法の一つであり，クロス表のセル度数の違いがどのようにして生じているのかをモデル化する．具体的には，変数間の関連にさまざまな仮定をおき，どのような仮定をおけば，実際のセル度数により適合的な結果が得られるかを探索していくのである．なお，ここでいう関連性とは，次節で説明するオッズ比と深く関係している．

表5.3は，変数間関連にさまざまな仮定を含むモデルの結果を要約したものであり，各モデルの特徴とその適合度を示している．これらの指標から，どのモデルが実際のセル度数をよりシンプルに再現できるかを吟味するのである．

最初のモデル1は相互独立モデルである．入職時期，学歴，初職の3者が無関連であると仮定するモデルである．まったく現実的ではないが，ここにより複雑な関連を追加していくことによって，モデルが改善されていくかどうかに注目す

5. 問題の時間的変化を把握する

表 5.3 入職時期,学歴,初職の分析結果 ($N=11{,}620$)

	モデル	χ^2	G^2	df	$P(\chi^2)$	$P(G^2)$	BIC
1	相互独立	11,416.4	9,876.5	94	0.000	0.000	8,996.7
2	条件つき独立	3,885.1	3,923.5	54	0.000	0.000	3,418.0
3	均一連関	119.5	115.3	48	0.000	0.000	−334.0
4	直線的変化	108.6	105.0	47	0.000	0.000	−335.0
5	コーホート別変化	80.7	78.8	40	0.000	0.000	−295.6

モデル 4　直線的変化の強度　　　　　　　0.050

モデル 5　コーホート別変化の強度 (1906-20 年を 1 と設定)

1906-20	1921-30	1931-40	1941-50	1951-60	1961-70	1971-80	1980-90	1991-2005
1.000	0.998	0.992	0.883	1.147	1.256	1.031	1.339	1.227

るのである.モデル 2 は条件つき独立モデルであり,学歴と初職のそれぞれの分布は入職時期によって異なるが,学歴と初職の関連はないと仮定している.教育拡大と職業構造の変動によって学歴と職業の両方の分布が一変したことはすでに確認したとおりであり,これらの関連を追加することによって,モデルが改善されることが期待される.ただし,このモデルも教育と職業の無関連を想定している点で無理がある.次のモデル 3 は,モデル 2 に教育と初職の関連を加えたものである.ここでは,教育と初職の関連は入職コーホート間で,すなわち世代間で変わらず一定だと仮定している.この性質から均一連関モデル(対連関モデル)と呼ばれる.

続く二つのモデルは,教育と初職の関連パターンは入職時期で同じだが,関連の強さが変化していることを仮定する.モデル 4 は,教育と初職の関連が直線的に変化したと想定しており,関連性が一定の割合で強まって(弱まって)いくならば,このモデルが採用され,そうした方向に向かう社会の変化が読み取られることになる.そして最後のモデル 5 は,入職時期ごとにその関連の強度が違っているが,直線で表されるような一方向に向かう傾向的変化はないと仮定している.したがって,教育と初職の関連性は強まったり,弱まったりするが,それは各時代の社会状況によってさまざまであることを示唆する(最後の二つのモデルは対数乗法モデルの一つである).

以上の複数のモデルの適合度を検討し,どのモデルのあてはまりがよいかを探索することになる.ピアソンの適合度統計量 (χ^2) や尤度比統計量 (G^2) とその自由度 (df) に対応する p 値が小さいことからわかるとおり,全体のあては

まりはよくないが，これはサンプルサイズが大きいことによる．その場合も含めて，χ^2 や G^2 の差，あるいは情報量基準 BIC などからモデルの比較が行われる．表5.3から BIC の値をみると，モデル3とモデル4の値が小さく，両者はほとんど変わらない．他方 χ^2 や G^2 の場合，モデル間で χ^2 や G^2 の差と自由度の差を比較することによって，より複雑な関連を含めることが統計的に有意かどうかを検討する．実際にモデル3とモデル4を比較すると，モデル4のように直線的変化を仮定することは統計的有意な改善につながることが示される（$\Delta G^2=115.3-105.0=10.3$，$\Delta df=48-47=1$，$p<0.01$）．また，モデル3とモデル5の比較も統計的に有意である（$\Delta G^2=115.3-78.8=36.5$，$\Delta df=48-40=8$，$p<0.01$）．この分析例のように，いずれの適合度指標を用いるかによって採用されるモデルが異なることもある．これは χ^2 や G^2 では，サンプルサイズが大きいときにより複雑なモデルが選ばれる傾向にあるからである．

以上の結果から，よりシンプルな傾向を見出すとすれば，BIC の値が小さいモデル3かモデル4のどちらかを採用することになるが，このことからいえるのは，学歴と初職の関係はあまり変化していないということだろう．この1世紀の間に職業構成および学歴構成は劇的に変化したわけだが，それとは対照的に，学歴間の相対的な職業差は維持されているということである．強いて変化の方向性を考えるならば，モデル4の強度の値（0.050）がプラスであることから，学歴と初職の関連が弱まったということはまったくなく，やや強まってきたと判断できそうである（逆にマイナスの値であれば関連性が弱まっていくことを意味する）．高学歴化が生じても，労働市場での大卒者に対する需要が増えれば大卒の価値が低下しないことは十分あるということだろう[8]．また，この1世紀の間で被雇用者の割合が増え，学校を経由した就職が一般化することで学歴の効果が強まっていったということも考えられる．以上の分析結果から，学歴の手段的価値は低下していないと結論づけられるのである（注2）．

5.1.4 まとめ：統計データに基づく社会の把握

本節では社会学の代表的な繰り返し調査である SSM 調査を利用して，教育と職業の関係から時代の変化を描くことを試みてきた．その結果，教育拡大や職業構造の変動によって，社会における学歴構成や職業構成は一変したものの，教育と職業の関連性という視点でみれば，その結びつきはそれほど変化していないこ

とがわかった．

　ただし，長期的な趨勢を示すために本節で採用した学歴や職業の分類が粗いということも事実であろう．たとえば大学卒は一つのカテゴリーにまとめられていたが，大学進学率が上昇すると，いわゆる銘柄大学とそれ以外の大学間での格差が大きくなるのではないかという予想もある．また就職先の企業規模や，正規/非正規といった雇用形態の違いも近年のような雇用環境が悪化した状況では，より切実な問題だと感じられるだろう．

　しかし，平沢によれば大学の入学難易度は職業（企業規模も一部含む）や所得に影響を及ぼしているが，その効果はおよそ半世紀にわたりほとんど変化していないという[12]．入学難易度の高い大学の卒業生ほど，高い職業的地位や所得を得る傾向にあることは確かだが，その構造自体はここ最近で変化したわけではないのである．また，戦前にまで目を向けると初任給も大学や学部によって違っていたとされる[13]．これらのことが示唆するのは，やはり単純なイメージや卑近な例のみに引きずられるのではなく，データに基づいて客観的に把握していくことが大切だということである．なぜ学歴が職業的地位や所得に影響するのか，あるいは学歴社会はなぜ変わらないのか，といった理論的枠組みについては紙幅の都合上紹介できなかったが，社会の変化を考えるうえで，こうした問いは肝要である．そうした理論的問いの重要性とともに，実際の統計データに基づいた社会の把握が不可欠であることを再度強調しておきたい．

【付記】SSM 調査データの使用にあたり，2015 年 SSM データ管理委員会の許可を得た．

注1　たとえば，1980 年就職者の各職業の割合は 1980 年を中心に前後 2 年を加えた当該職業の割合，すなわち 1978 年から 1982 年の 5 年分のデータから算出される．この 5 年間のデータの平均をとったものを移動平均という（1980 年のホワイトカラー職への就職者割合を x_{1980} とすると $(x_{1978}+x_{1979}+x_{1980}+x_{1981}+x_{1982})/5$）．ただし，各入職年ごとにサンプルサイズが異なるので，ここでは各入職年ごとのサンプルサイズで重みづけを行っている．

注2　「出身階層→教育達成」や「出身階層→到達階層」についても同様の分析が可能である．図 5.1 に示した枠組みで，出身階層，教育，到達階層の三者を同時に検討するには，さらに複雑な関連を吟味することになる．

文　献

1) 橘木俊詔『日本の経済格差——所得と資産から考える』岩波書店，1998年.
2) 佐藤俊樹『不平等社会日本——さよなら総中流』中央公論新社，2000年.
3) 岩田正美『現代の貧困——ワーキングプア/ホームレス/生活保護』筑摩書房，2007年.
4) 阿部　彩『子どもの貧困——日本の不公平を考える』岩波書店，2008年.
5) 吉川　徹『学歴分断社会』筑摩書房，2009年.
6) 荒牧草平「教育機会の格差は縮小したか——教育環境の変化と出身階層間格差」　近藤博之（編）『日本の階層システム3　戦後日本の教育社会』東京大学出版会，2000年，pp. 15-35.
7) 近藤博之・古田和久「教育達成における階層差の長期趨勢」　石田　浩・近藤博之・中尾啓子（編）『現代の階層社会2　階層と移動の構造』東京大学出版会，2011年，pp. 89-105.
8) 原　純輔・盛山和夫『社会階層——豊かさの中の不平等』東京大学出版会，1999年.
9) 石田　浩・三輪　哲「社会移動の趨勢と比較」　石田　浩・近藤博之・中尾啓子（編）『現代の階層社会2　階層と移動の構造』東京大学出版会，2011年，pp. 3-19.
10) Glenn, Noval D., *Cohort Analysis, Second Edition*, Sage Publications, 2005.
11) 安田三郎『社会移動の研究』東京大学出版会，1971年.
12) 平沢和司「大学の学校歴を加味した教育・職業達成分析」　石田　浩・近藤博之・中尾啓子（編）『現代の階層社会2　階層と移動の構造』東京大学出版会，2011年，pp. 155-170.
13) 野村正實『日本的雇用慣行——全体像構築の試み』ミネルヴァ書房，2007年.

5.2　［解説編］社会の変化を確かめる：カテゴリカルデータの分析

　産業化や高学歴化によって，社会はどのように変化してきたのだろうか．複数時点で収集されたデータの分析は，こうした社会変動に関する問いに有効な手がかりを与える．メナードがデータと分析手法の両方から定義するように，時間比較を含む研究は広い意味での縦断的研究（longitudinal research）とみなすことができる．すなわち縦断的研究の要素は，各変数のデータが2時点以上で収集されていること，分析対象が同じか比較可能であること，分析には時点間のデータ比較が含まれること，とされる．そして，具体的な研究タイプとして，調査対象を複数回にわたって追跡するパネル設計（prospective panel design），回顧法によるパネル設計（retrospective panel design），反復横断設計（repeated cross-sectional design）をあげている[1]．前二者は同一対象について複数時点のデータを収集するための設計であるが，たとえば t 年に調査を開始し，$t+1$ 年，$t+2$ 年，…と追跡して，新たなデータを順次加えていくのか，あるいは t 年に実施し

た1回の調査で $t-1$ 年, $t-2$ 年, …と過去の情報を回顧によって収集するのかによって区別される.また,反復横断設計は,同じ変数のデータを複数時点で収集するのだが,各時点での調査対象が異なるため,同一対象の変化を追うことはできない.とはいえ,集計レベルの変化を調べるには有用である.

これらの区分でいえば,5.1節での検討は反復横断設計によるものである.つまり,パネル調査のように同一対象を繰り返し観察するのではないが,比較可能な複数時点のデータを累積することによって,社会の変化を記述しようという試みであった.それにより1回きりの調査では得られない幅広い世代を分析対象とし,長期的な趨勢を描くことができたわけである(具体的なデータ構造については前節の表5.1を参照).以下では分析に使用した対数線形モデルを紹介するが,この方法にカテゴリカルデータの分析に適した手法であるため,出身階層から到達階層への移動を分析する社会移動の研究をはじめ,多くの研究においてに用いられてきたものである(カテゴリカルデータの分析手法全般については,アグレスティ[2]や太郎丸[3]が,社会移動表の分析については,吉田・近藤[4]が参考になる).

5.2.1 オッズとオッズ比

さて,統計データから社会の変化を確かめるには,まず各変数の分布の推移を明らかにする必要がある.実際,5.1.3項でみたような職業構成の変化であれば,各時期の職業構成はどうであったか,またそれがどのように変化してきたのかを確認しなければならない.そうした検討を踏まえて複数の変数間の関連から社会の変容を考えることになるが,カテゴリカル変数どうしであれば,シンプルなクロス表を作成することが分析の出発点となる.

クロス表の分析手法を具体的に説明するために,最終学歴と初職とのクロス表を作成しよう.表5.4はSSMデータから学歴と初職の2×2のクロス表を作成したものである.ここでは単純化のため,学歴は大卒か否か,初職はホワイトカ

表5.4 学歴×初職のクロス表($N=11,620$)

	ホワイト	ホワイト以外	N
大学	1,741	689	2,430
中学・高校	1,555	7,635	9,190
計	3,296	8,324	11,620

ラーか否かのそれぞれ2カテゴリーにまとめている.

このクロス表から学歴ごとの職業構成をみれば,大卒者の方が中学・高校卒者よりもホワイトカラー職につく可能性が圧倒的に高いことがわかる.実際,大卒者では7割の者がホワイトカラー職であるのに対して,中高卒者では2割を下回っているからである.χ^2検定の結果でも,この関連は統計的に有意である($\chi^2 = 2{,}832.6$,$df = 1$,$p < 0.01$)(第1章 p. 29 参照).こうした学歴による職業の違いを,なんらかの数値で要約的に表すことを考えよう.

ここで登場するのが,オッズ(odds)とオッズ比(odds ratio)である.オッズとは,あることが起こる確率が起こらない確率の何倍であるかを表したものである.この例では,ホワイトカラー職につく確率とつかない(ホワイトカラー以外の職業につく)確率を比べて,つく確率がどのくらいであるかを示したものだといえる.周辺度数に示されているように,全体ではホワイト職につく割合が 3,296/11,620 = 0.284,それ以外の割合が 8,324/11,620 = 0.716 であるので,オッズは 0.284/0.716 = 0.397 でつく確率はつかない確率の約 0.4 倍になる.あらためて計算式を書くと,(3,296/11,620)/(8,324/11,620) = 3,296/8,324 となるので,単にセル度数を使えばオッズの計算ができる.学歴別では,大卒者の場合は 1,741/689 = 2.527,中高卒者は 1,555/7,635 = 0.204 となる.値が大きくなるほど,あることが起こる確率が大きいこと意味し,起こる確率と起こらない確率が同じとき,オッズは1となる.

学歴間で比較するには,これら二つの比をとればよい.これがオッズ比であり,この例では,(1,741/689)/(1,555/7,635) = 12.407 となる.つまり,大卒者がホワイトカラーにつくオッズは,中高卒者のそれよりも約12倍高いということである.このようにオッズ比を計算すれば,学歴によって初職でホワイト職につく見込みがどの程度違っているかを表現することができる.また,オッズ比は,クロス表の対角線上にあるセル度数どうしを掛けて計算できることから((1,741×7,635)/(689×1,555)),交差積比(cross product ratio)とも呼ばれる(注1).

ここで,オッズ比の性質を説明しよう.かりに大卒でも中高卒でもホワイトカラーにつく見込みが同じであれば,オッズ比は1となる.換言すればオッズ比が1の場合,二つの変数は独立だということになる.これに対して,オッズ比が1より大きければ大卒の方がホワイト職につく見込みが高いことを,逆に1より小さければ,大卒の方が中高卒よりもがホワイト職につく見込みが低いことを意味

表 5.5 周辺度数が変化した場合のクロス表

A. 行周辺度数の変化（1行目を a 倍）

	ホワイト	ホワイト以外
大学	$a \times 1{,}741$	$a \times 689$
中学・高校	1,555	7,635

B. 列周辺度数の変化（1列目を b 倍）

	ホワイト	ホワイト以外
大学	$b \times 1{,}741$	689
中学・高校	$b \times 1{,}555$	7,635

する．ただし，オッズの読み方はカテゴリーをどのような順序に並べてクロス表を作成するかに依存するので注意してほしい．また，オッズ比は 0 から ∞ の範囲の値をとるが，1 から離れるほど 2 変数の間の関連性が強いことを意味する．

加えて，オッズ比には周辺度数の変化に影響されないという特徴がある．いま高学歴化により大卒者が a 倍になったとしよう（表 5.5A）．このとき，オッズ比は $(a \times 1{,}741 \times 7{,}635)/(a \times 689 \times 1{,}555)$ となり，分子と分母で a が相殺されるので以前と同じ値になる．また列の変数についても同様であり，産業構造の変化によりホワイト職が b 倍に増えたとしても（表 5.5B），オッズ比は変わらない．さらに大卒者の a 倍，ホワイト職の b 倍が同時に起こってもオッズ比は同じである．このように，周辺度数の動きに影響されることなく，変数間の関連性をとらえることができるのである．5.1.3 項では職業構造が大きく変化したことをみたが（つまり周辺度数の変化を意味する），オッズ比のこの特徴は，社会階層研究においてこの関連性指標が用いられてきた大きな理由である．

以上が 2×2 のクロス表分析だが，もっと大きな行数および列数をもつクロス表の分析にも，オッズ比が適用可能である．この場合，クロス表の一部分を取り出し，オッズ比を計算する（表 5.4 のように 2×2 のクロス表に再集計して，オッズ比を計算することもある）．学歴と職業に関する 3×4 のクロス表の例をみよう．なお，この表に第 3 変数として入職コーホートを導入したものが表 5.2 のクロス表である．

表 5.6 の網掛けの部分のオッズ比は $(1{,}741 \times 737)/(378 \times 1{,}316) = 2.58$ となる．

表 5.6 学歴×初職のクロス表（$N=11{,}620$）

	ホワイト	グレー	ブルー	農業	N
大学	1,741	378	276	35	2,430
高校	1,316	737	1,889	402	4,344
中学	239	563	2,358	1,686	4,846
計	3,296	1,678	4,523	2,123	11,620

表 5.7 隣接カテゴリーのオッズ比（表 5.6 より算出）

	ホワイト/グレー	グレー/ブルー	ブルー/農業
大学/高校	$\dfrac{1{,}741 \times 737}{378 \times 1{,}316} = 2.58$	$\dfrac{378 \times 1{,}889}{276 \times 737} = 3.51$	$\dfrac{276 \times 402}{35 \times 1{,}889} = 1.68$
高校/中学	$\dfrac{1{,}316 \times 563}{737 \times 239} = 4.21$	$\dfrac{737 \times 2{,}358}{1{,}889 \times 563} = 1.63$	$\dfrac{1{,}889 \times 1{,}686}{402 \times 2{,}358} = 3.36$

つまり，大卒者がグレーカラーよりもホワイトカラーにつくオッズは高卒者の約 2.58 倍高いということである．さらに，網掛けの部分から 1 列分だけ右に移動し，大学/高校とグレー/ブルーの部分表について計算すると，(378×1,889)/(276×737) である．一方，網掛け箇所を 1 行下に移動し，高校/中学，ホワイト/グレーの場合のオッズ比は (1,316×563)/(737×239) である．表 5.7 には隣接する 2×2 の部分表を作成し，オッズ比を計算したものをまとめている．

これらの値をみれば，大卒者がホワイト職につく見込みが最も高いこと，中卒者が農業との親和性が高いことなど，学歴による職業的特徴が明らかとなるが，ここでは次のことを確認しておきたい．それは，ここで計算されていない組み合わせのオッズ比が，表 5.7 のオッズ比から再現されることである．事実，表 5.6 から大学/高校とホワイト/ブルー組み合わせのオッズ比を計算すると (1,741×1,889)/(276×1,316)＝9.05 である．これは表 5.7 の 1 行目の第 1 列と第 2 列のオッズ比を掛け合わせたものに等しい (2.58×3.51)．同様に，高校/中学とグレー/農業の場合は (1.63×3.36) となる．このように，隣接するオッズ比を求めれば，それ以外の値が計算できるのである．

こうしたオッズ比はクロス表分析に有用な指標であるが，もっと複雑なクロス表になれば，関連のパターンを見極めることが難しくなる．対数線形モデル（ログリニア・モデル）はクロス表の関連性を読み解くのに非常に役立つ手法である．

5.2.2 対数線形モデル

対数線形モデルは，クロス表のセル度数がどのように生じているかを予測するモデルである．すなわち，この方法は，セル度数がいくつかのカテゴリカル変数とそれらの相互関連によって作り出されていると考える．実際には，「各セルの期待度数を対数変換したもの＝効果パラメーターを足し合わせたもの」という形

で表す(厳密な数式については参考書[2~5]をみよ).そして,複数の変数間関連にさまざまな仮定をおき,どのような仮定をおけば,現実のセル度数に適合的な結果が得られるかを探索していくのである.ここでいう関連性とは,5.2.1項で説明したオッズ比に基づいている.

モデル化される関連は,単純なものから複雑なものまでさまざまある.最も単純なものは通常,どの変数の間にもまったく関連がないとするものであり,これまでの例でいえば,入職時期(C),学歴(E),初職(D)の3変数が独立だと仮定する相互独立モデルである.このモデルは(C, E, D)あるいは[C][E][D]と表記され,各変数をコンマや[ ]で区切ることによってそれぞれに関連がないことを表現している.他方,最も複雑なモデルは,想定されるすべての関連を考慮した飽和モデルであり,学歴と初職の関連パターンが入職時期によって異なっていることを想定する.そして,このモデルのもとで計算された期待度数は,実際のセル度数と完全に一致する.飽和モデルは(CED)あるいは[CED]と表される.これらを両極とし,その間には,たとえば「入職時期によって学歴や初職の分布は異なるが学歴と初職の間には関連がない(CE, CD)」とするモデルや,「入職時期によって学歴と初職の構成が異なり,かつ学歴と初職は関連しているが,学歴と初職の間の関連は入職時期によって変わらない(CE, CD, ED)」などいくつかのモデルが存在するのである.

このように仮説に対応した複数のモデルを考えるのだが,最尤推定法という方法によってモデルに対応するパラメーターと期待度数が推定される.その結果から,適合度の指標を参照しつつ,どのモデルを採択するかを判断していくことになる.

ここで,独立性のχ^2検定を思い出してもらいたい.χ^2検定を行った際,「期待度数」を求めた(第1章 p.29参照).それは「変数間に関連がない」と仮定(帰無仮説)したときに,それぞれのセル度数がいくつになるかを予測したものだった.そして,その期待度数と実際のセル度数とのズレの大きさを評価することによって,二つの変数が独立とみなせるかどうかを判断したのである.

対数線形モデルでも,セル度数と期待度数のズレがどの程度であるかを検討して,変数間関連の有無を評価する.ただし,その期待度数は「関連がない」という仮定のもとでの期待度数だけでなく,さまざまな関連を仮定したうえでの期待度数を考えることになる.つまり,変数間にさまざまな相互関連を想定した場合

の期待度数と，実際のセル度数とのズレを確かめ，そのズレの程度が小さいと判断できるモデルを採択するのである．

このとき，ズレが大きいほどピアソンの適合度統計量（χ^2）（χ^2 統計量と呼ばれることもある）や尤度比統計量（G^2）は大きな値となり，モデルのあてはまりが悪いと判断されるが，複雑な関連を仮定するほどズレは小さくなっていく．実際，5.1.3 項の表 5.3 では，モデルを複雑にするにつれて，χ^2 や G^2 の値が小さくなっている．だが，複雑な現実をより節約的な（parsimonious）モデルで記述することに意義があり，ズレが小さければ小さいほど望ましいというわけではない．このことは，最もズレが小さいのが，セル度数をそのまま再現する飽和モデルであることを考えても理解できるだろう．

複数のモデルのうち，どれを採用するかを決める際には，いくつかの指標から各モデルのあてはまりを判断する．それには大きく二つの方法が用いられる．一つは，各モデルの χ^2 や G^2 と自由度（df）から判断するやり方である．これらの指標は χ^2 分布にしたがうとされ，有意水準を 5% とすると，p 値がこれよりも小さければあてはまりが悪いと判断され，そのモデルは棄却される．ただし，サンプルサイズが大きければ，実際のセル度数と期待度数の少しのズレでも統計的に有意な差が生じているとみなされてしまう．その場合も含めて，二つ目の方法は，モデル間での χ^2 や G^2 の差，あるいは情報量基準 BIC などを利用し，モデルの相対的な比較を行う．BIC はその値が最も小さいモデルがあてはまりのよいモデルだと考えられている．一方の χ^2 や G^2 の場合，モデル間での χ^2 や G^2 の差は χ^2 分布にしたがうので，これと自由度の差をもとにより複雑な関連を含めることが統計的に有意かどうかを検討する．いずれの方法を用いるかによって採択されるモデルが異なることがあるが，これは χ^2 や G^2 はサンプルサイズが大きいときにより複雑なモデルが選ぶ傾向にあるからである．

以上のように，対数線形モデルではクロス表のセル度数について複数のモデルを立て，どのモデルが現実をより要約的に描くことができるかを探索していくのである．それでは，各モデルにおいて，どのような関連が想定されているのだろうか．紙幅の都合上，すべてのモデルを検討することはできないが，表 5.8 には 5.1.3 項で検討した相互独立モデル（*C, E, D*），条件つき独立モデル（*CE, CD*），均一連関モデル（*CE, CD, ED*）から推定された期待度数を示している．はじめの二つのモデルは一つの入職コーホートの期待度数を，三つ目のモデルは二つの

表 5.8 各モデルの期待度数（一部コーホートのみ）

入職年	学歴	初職 ホワイト	グレー	ブルー	農業	N	学歴構成 (%)
A. 独立モデル（C, E, D）による期待度数							
1906-20	大学	31.6	16.1	43.4	20.3	(111.4)	20.9
	高校	56.5	28.8	77.5	36.4	(199.1)	37.4
	中学	63.0	32.1	86.4	40.6	(222.1)	41.7
	計	151.0	76.9	207.3	97.3	(532.5)	100.0
B. 条件つき独立モデル（CE, CD）による期待度数							
1906-20	大学	2.9	3.5	6.9	14.2	(27.5)	5.2
	高校	4.4	5.2	10.2	21.2	(41.0)	7.7
	中学	49.7	58.8	115.9	239.6	(464.0)	87.1
	計	57.0	67.5	133.0	275.0	(532.5)	100.0
C. 均一連関モデル（CE, CD, ED）による期待度数							
1906-20	大学	21.6	3.4	1.1	1.3	(27.1)	5.1
	高校	14.6	6.9	8.0	11.5	(41.0)	7.7
	中学	20.7	57.2	123.8	262.2	(464.0)	87.2
	計	57.0	67.5	133.0	275.0	(532.5)	100.0
1921-30	大学	43.6	6.8	2.7	1.9	(55.0)	6.1
	高校	45.6	21.3	29.5	25.6	(122.0)	13.5
	中学	36.8	100.9	258.8	331.5	(728.0)	80.4
	計	126.0	129.0	291.0	359.0	(905.0)	100.0

コーホートの期待度数を示している．ここから対数線形モデルで仮定されている関連性を具体的に示してみよう．

まずA欄は相互独立モデルの期待度数である．大学/高校，ホワイト/グレーの組み合わせのオッズ比を計算すると（31.6×28.8）/（16.1×56.5）＝1となるが，表5.7と同様の方法で計算すると，オッズ比はすべて1である．これは教育と職業が関連していないと仮定しているためである．また，周辺度数の構成割合はコーホートを考慮していない場合のクロス表（表5.6）の周辺分布のそれに一致する．これも，入職コーホートと教育および職業との無関連を想定しているからである．

続くB欄は，条件つき独立モデルである．このモデルも学歴と職業は独立だと仮定しているので，学歴と初職のクロス表から算出されるオッズ比は1である．しかし，今回のモデルでは，周辺度数が相互独立モデルの場合とはまったく

130　　　　　　　　　　　Ⅲ．データで証明する

表 5.9　隣接カテゴリーのオッズ比（表 5.8 C 欄より算出）

	ホワイト/グレー	グレー/ブルー	ブルー/農業
大学/高校	3.00	3.45	1.25
高校/中学	5.87	1.85	1.48

違っていることに注意してもらいたい．つまり，学歴と職業のそれぞれの分布には入職コーホートとの関連が仮定されている．実際，列周辺度数の構成比は，5.1.3 項の表 5.2 の学歴構成が完全に再現されており，行周辺度数の構成比を計算すればこのことが同様にあてはまる．これが CE と CD の関連を考慮しているということの実際的意味である．

　最後の C 欄は，均一連関モデルによる期待度数である．これは条件つき独立モデルに，ED 関連を加えたものといえる．二つの入職コーホートの期待度数を例示しているが，ここからオッズ比を計算したものが表 5.9 である．コーホート別に計算していないのは，両コーホートでオッズ比が等しいからである．たとえば，大学/高校とホワイト/グレーの部分表では，1906-20 年コーホートで $(21.6 \times 6.9)/(3.4 \times 14.6)$，1921-30 年コーホートで $(43.6 \times 21.3)/(6.8 \times 45.6)$ でともに 3.00 となる．当然ながらオッズ比は二つの入職コーホートだけでなく，ここに示していないすべてのコーホートで一定である．これが均一連関モデルの意味するところであり，学歴と職業が関連しているが，その関連は入職時期によって違わないということが表されている．

　ここまで対数線形モデルで仮定される関連性に焦点を絞り，オッズ比の水準で具体的に検討した．クロス表に比べて，対数線形モデルによる分析は抽象度が格段に高くなる．よって，想定されている関連性を具体的につかむことが難しくなる．だが，それがオッズ比と密接に結びついていることがわかれば，この分析をよりイメージしやすくなるだろう．なお，モデルによって推定されるパラメーターやそれとオッズ比との関係については，紹介できなかった．この点を含めて，対数線形モデルの詳細はこれまでに示した文献のほかに手短な解説として保田[5]などがあるので，それらを参照されたい．

5.2.3　おわりに：個人内変化を扱う分析の補足

　本章では，社会階層研究において伝統的に用いられてきた，オッズ比と対数線

> コラム　　　　　生徒の学習到達度調査（PISA）

　教育の領域では，時間による変化に関心をもつことがよくある．それには個人内変化も世代間での変化もあるが，後者については1990年代の終わりから2000年代のはじめに「学力低下」が話題となった．当時は学習内容の削減を予定した学習指導要領の改訂と重なったこともあって，この問題が大きな懸念をもって議論された[9]．

　実際にどのような変化が生じたのかを記述し，その背後にある原因を突き止めるのは容易ではないが，この問題に答えるには複数時点で収集されたデータが必要となる．しかし，当時は議論が過熱する一方で，学力の変化を長期的に捉えるデータがほとんどなかった．したがって，過去に実施された調査を掘り起こし，再度同様の調査を行って時点間比較を試みた研究もある[10]．

　学力データによる実証的研究が不足するなかで，大きな注目を集めたのが国際学力調査の結果であった．代表的なものにOECDが実施している「生徒の学習到達度調査（Programme for International Student Assessment：PISA）」や，国際教育到達度評価学会による「国際数学・理科教育動向調査（Trends in International Mathematics and Science Study：TIMSS）」がある．「学力」に対する関心は児童生徒にとどまらず，16歳から65歳の成人を対象とした「国際成人力調査（Programme for the International Assessment of Adult Competences：PIAAC）」が2011年から2012年にかけて実施されている．このような調査は結果が公開されるたびに各国の順位とその変動に注目が集まるが，そればかりでなく，学術研究においても有用なので，以下ではPISAを紹介しておこう（調査概要は日本語版の報告書[11]のほかに，ウェブサイトでは詳細な英文報告書を閲覧することができる）．

　この調査は義務教育修了段階の子ども（15歳児）を対象として（日本では高校1年生が対象），2000年から3年ごとに実施されている．学力調査は各回中心分野が決められているが，読解・数学・科学の順にローテーションが組まれている．加えて，「生徒質問紙調査」と「学校質問紙調査」も配布・回収されている．前者には生徒の学習状況のみならず，親の職業や学歴などの家庭背景も含まれ，豊富なデータが用意されている．また，後者は調査対象校の学校長が回答するものであり，学校環境に関する情報が収集されている．こうしたデータを活用すれば，家庭背景や学校環境によって個人の学力がどのように異なっているか，などを調べることができる．

　さらに重要なことに，個人レベルのデータがOECDのウェブサイト（http://www.oecd.org/pisa/）を通してダウンロードできる．データの構造やそれに対応した分析方法はやや複雑であるものの，研究者個人が良質のデータを入手し，独自の分析ができることは特筆すべき点である（上記のTIMSSやPIAACに関

しても個人レベルのデータが入手可能である）．日本国内の生徒に限っても，全国規模のランダムサンプリングによって収集された5,000〜6,000人程度の生徒データがあるため，日本の高校生の学力や意識・行動を調べることができる．さらに，国際比較分析の可能性を格段に広げた点はとりわけ重要である．たとえば，出身階層によって学力格差が観察されることは各国共通だが，格差の大きさが各国の教育制度のもとで，どのように異なるかといった観点からの研究がある．また，日本や韓国の教育制度では受験競争が激しく暗記学習が重視されるため，創造性が育たないといわれることがある．2003年調査の問題解決能力を手がかりに，このことを検証した研究もある[12]．他国との比較結果はそうしたイメージを修正するものであり，国際比較ならではの分析といえるだろう．

形モデルを紹介した．この方法は，出身階層から到達階層への移動を分析する社会移動の研究を中心に，出身階層と教育達成の分析などでも利用されてきた．それにより，統計データから社会の変化を描くことがしばしば行われてきたのである．社会学ではカテゴリカルデータを分析することが多いので，オッズ比と対数線形モデルは複雑なクロス表の関連パターンを読み解く際に，幅広く適用することができる．

　最後に，個人内の変化を扱う分析にも触れておきたい．ここまで扱ってきたのは，個人の職業キャリアから初職というある特定時点を取り出した分析であった．個人の職業キャリアを1本の線にたとえるなら，ある1点に焦点を当てた分析だったといえる．他方 SSM 調査では，対象者の初職から調査時点の職業までの職歴データを回顧法の質問によって収集してきた．そのため，職業キャリアに関するパネルデータを作ることもできる．それにより，たとえば離職や転職，昇進といったイベントの生起を分析することが可能である．最近では，こうした個人内の変化に焦点をあてる方向の分析も増えている．たとえば，中澤は離職というイベントの発生にどのような特徴が影響しているかを分析している．その結果，正規雇用からの離職に企業規模や職種の影響があること，最近の入職者で離職しやすくなることなどを明らかにしている[6]．また，石田・三輪は職歴を通して上昇ホワイト（専門・管理職）に入職するか否かに対する出身階層の影響を検討し，出身階層間の格差が一貫して維持されていることを明らかにしている[7]．こうした分析では扱うデータが複雑になるが，分析手法の発展や新たなデータの蓄積（注2）により，時間軸を扱った分析が多様化してきているというのが現在

の研究状況だといえる．

【付記】SSM 調査データの使用にあたり，2015 年 SSM データ管理委員会の許可を得た．

　注1　クロス表のセル度数を f_{11}, f_{12}, f_{21}, f_{22}（添え字は順に行番号，列番号を示す．f_{11} は 1 行 1 列目のセル度数）とすると，オッズは f_{11}/f_{12} と f_{21}/f_{22}，オッズ比は $(f_{11}/f_{12})/(f_{21}/f_{22}) = (f_{11} \times f_{22})/(f_{12} \times f_{21})$ と計算できる．

　注2　最近では日本でもパネル調査が実施されるようになってきた．たとえば，家計経済研究所の「消費生活に関するパネル調査」や東京大学社会科学研究所の「働き方とライフスタイルの変化に関する全国調査」などがある．社会学研究におけるパネル調査の重要性については中澤[8]が参考になる．

文　献

1) Menard, Scott, *Longitudinal Research, Second Edition*, Sage Publications, 2002.
2) Agresti, Alan, *An Introduction to Categorical Data Analysis*, John Wiley & Sons, 1996（渡邉裕之・菅波秀規・吉田光宏・角野修司・寒水孝司・松永信人訳『カテゴリカルデータ解析入門』サイエンティスト社, 2003 年）．
3) 太郎丸博『人文・社会科学のためのカテゴリカルデータ解析入門』ナカニシヤ出版, 2005 年．
4) 吉田　崇・近藤博之「移動表の分析とログリニア・モデル」　川端　亮（編）『データアーカイブ SRDQ で学ぶ社会調査の計量分析』ミネルヴァ書房, 2010 年, pp. 31-45.
5) 保田時男「社会的カテゴリー間の結びつきのパターンをあきらかにする——ログリニア・モデル」与謝野有紀・栗田宣義・高田　洋・間淵領吾・安田　雪（編）『社会の見方, 測り方——計量社会学への招待』勁草書房, 2006 年, pp. 268-276.
6) 中澤　渉「分断化される若年労働市場」　佐藤嘉倫・尾嶋史章（編）『現代の階層社会 1 格差と多様性』東京大学出版会, 2011 年, pp. 51-64.
7) 石田　浩・三輪　哲「上層ホワイトカラーの再生産」石田　浩・近藤博之・中尾啓子（編）『現代の階層社会 2 階層と移動の構造』東京大学出版会, 2011 年, pp. 21-35.
8) 中澤　渉「なぜパネル・データを分析するのが必要なのか——パネル・データ分析の特性の紹介」『理論と方法』**27**（1）, 23-40, 2012.
9) 市川伸一『学力低下論争』筑摩書房, 2002 年．
10) 苅谷剛彦・志水宏吉編『学力の社会学——調査が示す学力の変化と学習の課題』岩波書店, 2004 年．
11) 国立教育政策所編『生きるための知識と技能 5　OECD 生徒の学習到達度調査（PISA）2012 年調査国際結果報告書』明石書店, 2013 年．
12) Park, Hyunjoon, *Re-Evaluating Education in Japan and Korea: Demystifying Stereotypes*, Routledge, 2013.

6. 問題の因果をモデル化する

●三浦麻子

6.1 ［事例編］仕事満足度が転職志向を決める？：因果モデルの作成と検証

　本節では，共分散構造分析（構造方程式モデリング（structural equation modeling：SEM）による因果モデルの作成と検証の実際について，具体的事例をあげてそのプロセスを記述する．SEM は従来の主要な多変量解析の分析モデルの多くを包含する統計モデルなので，それを用いて実施可能な分析は多岐にわたるが，ここでは代表的モデルのうち，検証的因子分析，多重指標によるパス解析から多母集団の同時分析へと進む過程を示し，SEM ならではの分析 TIPS や，各分析段階で留意すべき代表的なポイントをあげる．なお，SEM の考え方やモデリングの基本的ルール・特徴・利点などについては，後続の 6.2 節でより詳しく述べているので，ご参照いただきたい．

6.1.1　検証的因子分析とモデル探索

　まず，質問紙調査を用いたデータ分析を行う際にありがちな，次のような光景を想像していただくところから始めよう．

　研究者 A 氏は，働く人の意識と行動を研究している．先日，今の仕事に対する満足度を測定するために，「今の仕事が楽しい」「今の仕事に生きがいを感じる」「今の仕事を続けたい」「今の仕事には将来性がある」「自分のペースで仕事ができている」「自分の仕事には社会的意義がある」の 6 項目からなる尺度を作成し，300 名の一般企業正社員を対象に「当てはまる」～「当てはまらない」の 5 件法による調査を行った．その他にも，関連が想定される他の変数として，現在の職場環境に関する評価やキャリア意識（転職志向）などについても合わせて尋ねた．

このデータ，とくに仕事満足度について，A 氏はまず 6 項目 1 因子構造を仮定した検証的因子分析（confirmatory factor analysis：CFA，確認/確証的因子分析ともいう）を行った．検証的因子分析は，典型的な SEM によるモデリングの一つで，因子についてなんらかの仮説があり，それが実際のデータにあてはまるかどうかを検討することを目的とした因子分析である．これまで単に「因子分析」といえばそれを指すことが多かった探索的因子分析（exploratory factor analysis：EFA）は，CFA とは異なり，因子の数やそれぞれの因子が何を表すかや，各因子がどの観測変数に影響を及ぼすかについての仮説をもたない分析モデルである．それゆえに EFA ではすべての因子からすべての尺度項目にパス（矢印）が引かれる（因子負荷量が推定される）が，CFA では影響を仮定しないパスは積極的に 0 に固定した推定を行い，仮説の妥当性を統計的に考察する（ただしここで仮定したのは 6 項目すべてが 1 因子に負荷するモデルなので 0 に固定したパスはない）．例示した文脈にあてはめれば，A 氏は仕事満足度の尺度について「6 項目 1 因子構造」をあらかじめ仮説としてもっているのだから，「適切な因子構造は何だろうかと探し当てるための分析」である EFA を（改めて）行うことは適切ではなく，「自らの仮定している因子構造は適切かどうかを検証するための分析」である CFA を行う必要がある．

モデルと分析結果を図 6.1 に示す（因子負荷量（潜在変数から観測変数へのパス係数）の推定値以外は記述を省略している）．因子分析では，観測変数（直接測定するもの．ここでは仕事満足度を測定するために用意した尺度の各質問項目）の背後に特定の因子（潜在変数；直接測定しないもの）を仮定し，因子からの影響によって観測変数間の相関が生じると仮定する．図 6.1 のモデルで仕事満足度 F_1 から各項目に向けたパスが引かれているのはこれを含意している．各観測変数には，矢印のもとの変数（すなわち因子）によって説明できない部分を誤差として明確に分離するために，誤差変数が付属する．

では図 6.1 に示された具体的な分析結果に目を向けてみよう．因子として仮定した「仕事満足度」から各項目への因子負荷量の推定値はそれほど悪くない水準にあるようだが，潜在変数から SEM によるモデルの当てはまりのよさを示す適合度指標（各種指標の定義や特徴などは 6.2 章参照）はいずれも低い値に留まっていた．たとえば GFI について見ると，各種専門書[1,2]が推奨する基準「最低でも 0.90 程度，なるべくなら 0.95 程度あることが望ましい」をようやく満たすか

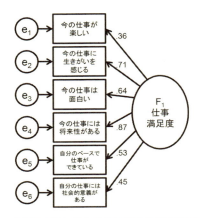

図 6.1 「仕事の楽しさ」尺度に関する検証的因子分析
　　　　（6 項目モデル；標準化推定値）
χ^2 値$(df) = 96.337(9)$, $p = 0.000$, GFI $= 0.908$, CFI $=$ 0.831, RMSEA $= 0.180$.

どうかといった程度のものでしかない．当てはまりがよいモデルだとはいえないわけである．

　このような状況で，研究者がまず手をつけるのは「適合度指標が少なくともモデル採択の許容範囲となる程度にまで向上させる」ことであり，CFA モデルの場合は因子を構成する項目の削除あるいは付加（この場合は削除）の試みであろう．A 氏は試行錯誤の結果，「自分の仕事には社会的意義がある」を削除した 5 項目モデル（図 6.2）にたどりついた．分析結果を見ると，先ほどのモデルよりも各種の適合度は向上しており，各指標は十分に高い値を示している．また，項目が少ない方が回答者の負担は軽減されるので，項目数が 5 項目に減じたことは利便性の観点から見てもより好ましいことであると考えられるかもしれない．そこで A 氏は「自分の仕事には社会的意義がある」項目を削除した 5 項目モデルを採用して「仕事満足度尺度」を構成し，ある研究雑誌に論文を投稿した．しばらく経って届いた査読者 B 氏からのコメントにはこうあった．

　　『あなたが削除した項目は，仕事満足度を測定する際に欠かすことのできない指標だ．よって，5 項目尺度は「仕事満足度」の内容的妥当性を著しく損なっている．』

では，A 氏が当初の 6 因子モデルによる尺度構成を堅持し，論文を投稿してい

6. 問題の因果をモデル化する　　　　　　　　　*137*

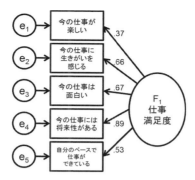

図 6.2　仮想「仕事の楽しさ」尺度に関する検証的
　　　因子分析（5項目モデル；標準化推定値）
χ^2 値 $(df)=3.733(5)$, $p=0.588$, GFI $=0.995$, CFI $=$
1.000, RMSEA $=0.000$.

たら，どうなっていただろうか．その場合には，査読者 C 氏から次のような指
摘を受ける可能性があったかもしれない．

　『あなたが構成した「仕事満足度尺度」は，適合度がやや低い．項目を加減
　　することなどによって，より適合度の高い尺度構成を目指すべきである．』

　SEM で適合度指標に関する情報が提供されることは，こうした場面で
EFA→6 項目 1 因子確定→尺度化という分析プロセスをたどっていれば看過され
ていたかもしれない問題を（論文著者にも，査読者にも）突きつけることにな
る．どっちもダメって，じゃあ一体どうすれば!?

　自らの成果を科学論文として世に問うために，A 氏は立ち止まってはいられな
い．このようなケースでとるべき方策としては，次の三つが考えられる．まず，
①適合度優先である．A 氏が最初に採った方策がこれにあたり，より適合度の高
い 5 項目モデルを採用することになる．この場合は，「今の仕事には社会的意義
がある」を削除することが仕事満足度尺度の内容的妥当性を不当に低めることは
ないということを実質科学的な論拠をもって示し，査読者 B 氏を納得させなけ
ればならない（実質科学の定義は注 2 を参照）．次に，②内容的妥当性優先が考
えられる．この場合は，適合度が低いモデルが抱える問題，たとえば推定値（因
子負荷量）や α 係数が不正確である可能性を甘受し，それらによって生じる「尺
度自体の信頼性の低さ」を踏まえた上でもなお，内容的妥当性の見地から「今の
仕事には社会的意義がある」は不可欠な項目であることをより説得的に主張する

努力をして,査読者C氏を論破しなければならない.

しかし,SEMを用いたモデリングの場合は,実はこの二つ以外の方策,すなわち,③内容的妥当性も適合度も優先するという方策を採ることができる.具体的には,モデル内でモデルからのズレをモデリングする,すなわち,誤差変数の間に相関(共分散)を設定することによる.図6.3は,先ほどの6項目モデルのうち「自分の仕事には社会的意義がある」の誤差変数(e_6)と「今の仕事には将来性がある」の誤差変数(e_4)の間に共分散(相関)を設定したモデルの分析結果である.図6.1の6項目モデルよりχ^2値やGFI,CFI,RMSEAといった適合度指標の値がいずれも改善されており,先に示した図6.2の5項目モデルと比べてもほとんど遜色のないものとなっていることがわかるだろう.本来関心のある因子構造のみならず,そこからのズレ(因子と項目間の関係では説明できない部分)までもモデルに含めることによって,モデル全体の当てはまりのよさを向上させたわけである.

ただし,当然のことだが,ズレをモデリングする場合にもそれを妥当とみなせる仮説が必要である.事後に誤差変数間の関係を想定するのは,当該観測変数の測定に際する誤差に共通の変動部分があると考えるのが妥当な場合に限られる.ここであげた例でいえば,仕事の社会的意義と将来性の間の誤差相関(共分散)

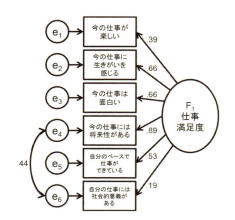

図 6.3 「仕事の楽しさ」尺度に関する検証的因子分析(6項目+誤差相関を入れたモデル:標準化推定値)
χ^2 値$(df) = 5.129(8)$,$p = 0.644$,GFI $= 0.994$,CFI $= 1.000$,RMSEA $= 0.000$.

を説明する要因としては，産業動向などなんらかの社会的状況の影響が考えられる．時に応じて社会における「重点産業」は移り変わる．ある仕事の社会的意義や将来性に関する評価は，そうした社会的変化と同期して，つまり個人の仕事満足度以外の変数に伴って変動する，という解釈が成り立つ可能性がある．このような合理的説明が可能な場合にのみ，これらの変数間に誤差相関（共分散）を設定できる．潜在変数や観測変数間のパスをどう引くかという問題とは異なり，「測定されたデータからは表現できなかった部分」に関する推測を行うことだから，とくに慎重になる必要がある．

6.1.2 　検証的因子分析から多重指標モデルへ

さて，「仕事満足度」の尺度構成が固まったので，次の段階に進むことにしよう．A氏のそもそもの研究目的は，現在の仕事に対する満足度と，現在の職場環境に関する評価，また将来の転職志向がどのような関係にあるのかを知ることであった．そこでA氏は，現在の仕事に対する満足度を含む潜在変数間の因果関係モデルの検討に着手した．仕事に対する満足度と同じように，現在の職場環境に関する評価と将来の転職志向についても，質問項目（ここでは各3項目で測定している）を観測変数とする構成概念を潜在変数として分析に含めることが可能である．ある潜在変数が複数の観測変数を指標として構成されているので，多重指標モデルという．以前ならば，EFAを行い，因子ごとに因子負荷量の大きい観測変数の合計点などを用いた合成変数を作成した上で重回帰分析やパス解析に持ち込んでいたものを，SEMを用いれば，観測変数の合計点を求めることなしに，また測定誤差を明確に分離した上で，因子（潜在変数）間の因果関係を考察することができる．

まず図 6.4 は，転職志向（F_3）に影響する変数として，仕事満足度（F_1）と職場環境評価（F_2）のそれぞれを想定したモデルとその分析結果である（潜在変数間のパス係数の推定値以外は記述を省略している）．こうした因果関係を分析する場合は，外生変数（単方向の矢印を受けない変数）である仕事満足度（F_1）と職場環境評価（F_2）の間には，無相関を仮定する必然性がある場合を除いて，必ず相関（共分散）を設定し，双方向矢印を引く．また，内生変数（単方向の矢印を受ける変数）である転職志向（F_3）には，矢印のもとの変数（F_1とF_2）によって説明できない部分，すなわち誤差を明確に分離するために，誤差（撹乱，

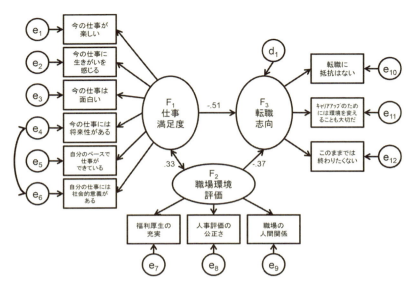

図 6.4 「仕事満足度・積極性と転職志向の因果関係モデル (1)(標準化推定値)
χ^2 値 $(df) = 70.340(50)$, $p = 0.030$, GFI $= 0.944$, CFI $= 0.970$, RMSEA $= 0.046$.

disturbance) 変数 d_1 を付属させる．パス係数はいずれも 0.1％ 水準で有意であり，現在の仕事にあまり満足していない，あるいは，職場環境を高く評価していない場合のいずれにおいても，転職志向が高くなるという因果関係が存在することが示唆される結果となっている．適合度指標の値は良好で，当てはまりは悪くなさそうである．

また，図 6.5 に示すようなモデルも想定可能であろう．ここでは，職場環境評価が転職志向に直接の影響を及ぼさない一方で，仕事満足度には影響することを想定している．図 6.4 のモデルとは異なり，外生変数は職場環境評価 (F_2) のみで，仕事満足度 (F_1) と転職志向 (F_3) が内生変数となるために，それぞれに誤差（撹乱）変数 d_1 と d_2 が付属している．このモデルでも，パス係数はいずれも 0.1％ 水準で有意であり，適合度指標も一定以上の当てはまりのよさを示している．

このように，同じ潜在変数間の関係であっても想定可能なモデルは多数あり，そのヴァリエーションは相関や因果をモデリングする変数の数に応じて相乗的に増加する．SEM を実行できる統計ソフトウェアの多くはグラフィカルなインタ

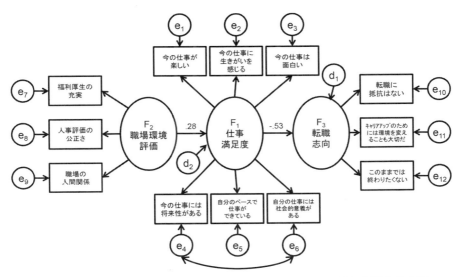

図 6.5 「仕事満足度・職場環境評価と転職志向の因果関係モデル (2)」(標準化推定値)
χ^2 値$(df) = 70.596(51)$, $p = 0.036$, GFI $= 0.944$, CFI $= 0.971$, RMSEA $= 0.044$.

フェースをもっており,まさに本章に示したようなパス図を描いて変数や矢印を足し引きすることによってさまざまなモデルを解析することができる.また,情報量規準に基づく適合度指標(AIC など;3.5.3 項 (2) 参照)によって,同じ変数群で構成される複数個のモデルの優劣の比較検討も容易にできる.また,モデルの改良に資する統計的検定もあり,どのようなパスを追加/削除したらモデルの適合度がどの程度向上するかを知ることもできる.パスの追加については LM 検定,削除についてはワルド(Wald)検定が用いられる.ただし,あくまで数理的はこうなる,という指標であるから,実際にそうすることに実質科学的な意味があるかどうかは研究者が適切な判断をくださなければならない.

複数(たとえば図 6.4 と図 6.5 の二つの)モデルを比べて,どの(どちら)のモデルが「よりよい」のか.どれ(どちら)を最終的な採択モデルとするべきなのか.SEM を利用する研究者にとってこうした悩みは尽きないが,「必ずこうするべき」というルールや不文律はない.適合度指標のごく小さな差異でも重く見て,必ず少しでも高い方を採らなければならないということはない.たとえば図 6.4 と図 6.5 であれば後者の適合度指標がごくわずかに良好だが,いずれも受容可能なレベルにある.それよりも忘れてはならないのは,あくまでも SEM は

「仮説検証」のための方法論であるということである．数理的に可能であればどんなモデルでも分析することは可能だが，データ分析の当事者に求められるのは，実質科学的な立場から見て妥当と認められる仮説を構築し，それに基づいたモデルを検討することである（6.2.4項参照）．

6.1.3 多母集団の同時分析

最後に，SEM初心者にとってはややアドバンス的な内容ではあるが，多母集団の同時分析についてごく簡単に紹介する．ここまでの分析では，調査対象となった300名は「一般企業正社員」という単一の母集団から抽出された標本であると仮定していた．この300名には男女が半数ずつ含まれていたのだが，分析の際に性別の情報は考慮されていない．一般企業正社員であれば，仕事満足度と職場環境評価，転職志向の関係は同じなのか，それともたとえば性別のような，なんらかの「集団」を規定しうる別の変数によってモデルの解に無視できない差が存在する可能性があるのか．多母集団の同時分析は，こうした点を検討するためのSEMによる分析手法である．複数の母集団から抽出された標本を同時に分析することで，モデル全体における母集団間での差異の有無を，各種適合度指標に基づいて検討することができる．性別の違いを考慮せずに両者を併合して分析することで性別という剰余変数の影響を含んだまま検証を進めるのとは異なり，また，両者を分割して標本サイズの小さい男性/女性集団ごとに分析することで推定値の安定性を損ねてしまうこともない．ここでは，先ほどのような多重指標モデルについて男女比較を行う場面を例にとって，多母集団の同時分析の標準的な手続きを示す．いささか込み入っているが，こうした手続きを踏むことによって，モデルを構成する諸要素のうち「異なる母集団の間でどこまでが共通しており，どこからは異なるのか」を明確にすることができるので，やや詳しく流れを説明する．

まず，複数の集団に共通して適用するパス図を構成する．ここでは図6.4や図6.5のモデルがこれにあたる．そして，集団ごとに分析をして適合度がよいことを確認する（ただし，各集団で適合が悪い場合でも，同時分析をすることで適合が向上する場合もあるのでここで分析を止める必要はない）．これ以降が，本格的な同時分析の手続きとなる．

最初に検討するのが配置不変性である．配置不変性とは，集団間でパス図は同

じでも，推定値はそれぞれ異なっていてもよいという仮説のことで，モデルに含まれる推定すべきパス係数の間に等値制約をおかない（たとえば職場環境評価→仕事満足度のパス係数が男女で等しいと仮定しない）ことによって表現される．同時分析の結果，良好な適合度指標の値が得られていれば，男女両方の母集団に共通して適合がよく，配置不変が成り立つ可能性が高いと判断できる．もしこの適合が悪ければ，パス図そのものが母集団間で異なることを想定した分析に進むべきである．

　配置不変性が確認されたら，モデル内の各推定値に関する集団間の差異を検討するプロセスに進むことになる．先ほどは等値制約をおかなかったパス係数の間に等値制約をおいたモデルの適合度を，制約をおかないモデルと比較して，相対的にどちらのモデルがよりよいかを判断する．等値制約をおいたモデルの適合度が著しく悪化しておらず，絶対的に見ても許容範囲の適合度を示しているなら，男女間でパス係数も等しいと考えてよいことになり，これを測定不変という．一方で，もしこの等値制約をおかないモデルを採用すべきという判断になれば，男女間でパス係数の差異を統計的に検定し，影響力に関する性差を議論する方向に分析を進めていくことになる．

　測定不変性が確認されたら，さらにその他の推定値にも等値制約をおき，より強い制約を課したモデルを順々に検証していく．モデル内で推定されているパス係数は潜在変数間の因果や相関を表すものだけではない．図6.6は代表的なSEM用ソフトウェアの一つであるAmos 20の分析メニューで，等値制約を効率的におくことができるオプションの画面である．「構造モデルのウェイト」はモ

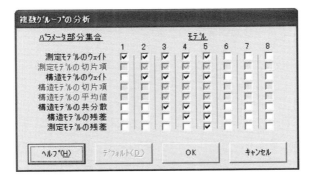

図 **6.6**　さまざまな等値制約

デル中のすべてのパス係数の等値制約,「構造モデルの共分散」は分散共分散の等値制約,「構造モデルの残差」は誤差分散の等値制約を意味している．これらすべてに等値制約がおかれたモデルの適合がよければ，複数の集団は同一の分散・共分散をもつ母集団に属すると判断することができる．

しかし，複数の集団が同一の分散・共分散をもつ母集団に属すると判断されたからといって，男性集団と女性集団が等質であると判断できるわけではない．なぜなら，そもそもこれらの手続きは母集団における分散・共分散の等質性を検討しているのであって，平均の等質性については検討していないからである．因果や相関に関するモデルは同じでも，そもそもの仕事満足度や転職志向などの平均に性差があるかどうかは不明である．

こうした平均の等質性を議論するためには，観測変数や潜在変数に平均を考えなければならない．これが「平均に構造を考える」分析であり，相関やパスによって多変数間の関係を解き明かしてきたここまでのプロセス，すなわち共分散構造（のみを考える）分析の範囲を超えた話になる．しかしここから先の分析もSEM の枠組みのなかで分析が可能である．同時分析のプロセスで少なくとも測定不変が成り立っていることが確かめられていれば，こうした平均構造を加味した分析を行う条件が整っている．ここで採り上げた例でいえば，男性集団の転職志向の因子平均を 0 に固定して女性集団の平均を推定するモデルと，両集団とも因子平均が 0（因子平均に差がない）というモデルの分析結果を比較する．なお，観測変数の平均（切片項）を集団間で等値しておく必要がある．前者の方が当てはまりがよいとなれば，女性集団の因子平均が有意に 0 から離れているかどうかの検討，すなわち転職志向因子の男女差を検討するプロセスに進むことができる．こうした手続きにより，単なる因果関係の異同に留まらない，モデルに関するさらに豊かな解釈が可能になる．

6.1.4 まとめ：さらに広い SEM の世界を知ろう

本章で示したのは SEM を使った解析のほんの一例にすぎない．しかしこうした一連の分析過程を見るだけでも，これまでは因子分析や重回帰分析の繰り返しによるパス解析によってなされてきた相関や因果関係の分析だけではなく，分散分析によってなされてきた平均の比較についても，各種の統計解析手法を組み合わせて実施するのではなく，SEM という一つのモデリング手法を駆使すれば実

現できてしまうことがおわかりいただけるだろう．しかも，モデルのあてはまりのよさを評価することもできるし，誤差変数間の相関の設定や多母集団の同時分析における制約の設定のように，潜在/観測変数間の単なる相関や因果関係にとどまらない多様なモデリングを行うこともできる．共通した数理的フレームワークの下で一連の分析ができることも魅力だろう．さらに広い SEM の世界を知るために，6.2 節やコラム「SEM ブックガイド」を参考にするなどさまざまな情報源を活用して，知識を深め，また広げていただきたい．

There is no way to analyze your data without SEM!!

文　献

1)　狩野　裕・三浦麻子『グラフィカル多変量解析（増補版）』現代数学社，2002 年．
2)　豊田秀樹『共分散構造分析－構造方程式モデリング－［入門編］』朝倉書店，1998 年．

6.2　［解説編］多くの変数（多変量）をさばく：共分散構造分析

6.2.1　「現象を自在にかたる」方法論

　共分散構造分析（構造方程式モデリング，structural equation modeling：SEM）とは，直接観測できない潜在変数を導入し，その潜在変数と観測変数（observed variable）の間の因果関係を表現する構造方程式を構築し，その解を推定することによって，自然現象や社会現象を説明する統計モデル（を用いた分析手法）である．「第二世代の多変量解析」とも呼ばれている．共分散構造とは，観測変数の間の分散・共分散をパラメータ（パス係数と独立変数の分散・共分散）の関数で表したもののことで，SEM はモデルに基づいて理論的に計算される共分散構造とデータに基づいた実測によるそれが，できるだけ適合するような解を推定する分析手続きであるがゆえに，共分散構造分析という名で呼ばれている．

　SEM は，1960 年代後半にその理論が世に提案されて以来，すでに 40 年以上が経過している．1990 年代以降に，分析手法の発展とソフトウェアの充実によって社会科学分野において適用例が急増した．分析環境の向上にともなって SEM が急速に普及した理由は，従来行われてきた多変量解析の主要な分析モデルのほ

表 6.1 SEM と従来の多変量解析の比較[1]

分析方法	分析状況	従来法	構造方程式モデル
因子分析		探索的因子分析	検証的因子分析
	因子についての仮説がない	○	×
	統計的証拠（適合度，因子負荷量の零仮説）	△	○
	パラメータに関する仮説検証（等値性など）	×	○
	誤差共分散	×	○
	因子が多いモデル	×	○
	多母集団の統計的同時解析	×	○
	因子平均の分析	×	○
	拡張モデル	×	○
構成概念の因果分析		尺度化＋相関・回帰分析	潜在変数の相関・回帰分析
	信頼性が高い	○	○
	信頼性が低い	×	○
	単純性を崩す項目	△	○
構成概念の実験的分析		尺度化＋分散分析	潜在変数の分散分析
	3 水準以上	○	△
	交互作用	○	△
	多重比較	○	×
	平均効果の分解	×	○
	平均の調整	△	○
	異なる分散や共分散行列	×*	○
パス解析		重回帰分析の繰返し	SEM による同時分析
	モデルの吟味	×	○
	モデル改善のしやすさ	×	○
	効果の分解	△	○
	誤差相関	×	○
	双方向因果モデル	△	○
	信頼性を考慮した分析	×	○

○：十分対応できる．△：部分的に，もしくは，状況によっては対応できる．×：対応できない．＊：混合モデルを用いると実行可能である．

とんどを統合可能な存在であるという点につきる．表 6.1 に示すとおり，「構造方程式モデリングは，因子分析，分散分析，パス解析のすべてにとって代わる」ことができるのである[1]．本節では，SEM のそのあらましと，従来の方法論と比較した新しさについて，ごく平易な部分に限定して述べる（詳細については文献を参照）．そして SEM がわれわれ応用研究者（自身の収集したデータに基づ

いてなんらかの理論モデルの検証を行う目的で SEM を利用する立場の研究者のことを，SEM の理論構築を担う方法論者と区別してこう称している）にもたらすメリットと，利用する際に心がけるべき点について論じる．

　SEM は「現象をかたる言語である」という[2]．ある現象を「かたる」とは，現象の一部を切り取ったデータから，そこに存在する因果の方向を見定め，またその大きさを正確に推定することを指す．より具体的にいえば，社会現象や自然現象を表現するための仮説モデルに潜在変数を組み込み，観測変数との間の因果関係を同定することによって，ある現象を生じさせるメカニズムをより単純化されたかたちで理解できるようにする，ということである．SEM は，因子分析や回帰分析といった従来の多変量解析より「雄弁な」方法論である．因子分析モデルには潜在変数の概念は導入されてはいるが，そこで扱うことができる因果は潜在変数→観測変数という一方向のみである．また，回帰分析の繰り返しによるパス解析では，因果の設定は比較的自由に行えるが，潜在変数を扱うことができないし，複数個の従属変数があるモデルを分析することは難しい．これらに対して，SEM では観測変数と潜在変数間に任意の因果関係を設定することができる．さらに，仮説モデルの妥当性を示す有力な手がかりとなる適合度指標や，モデル修正のための各種指標の出力など，現象をより雄弁に「かたる」ことができるモデルを構築する際に有用なさまざまな情報を得ることができる．

6.2.2　SEM によるモデリングの基本

　図 6.7 に典型的な SEM モデルを示す．変数間の関係を表すこのような図をパス図と呼ぶ．パス図に登場する変数は，観測―潜在，構造―誤差，外生―内生の三つの観点から分類することができる．パス図と見比べながら以下の解説をお読みいただきたい．

　潜在変数とは，直接には観察されていない変数，つまり構成概念や誤差のことをいい，パス図では楕円や円で囲む．構成概念とは，ある程度普遍的な意味をもつ一方で物理量のようには正確には定義しにくい概念の数学的な表現であり，因子分析モデルでは（共通）因子にあたる．図 6.7 では仕事満足度と職場環境評価，転職志向（F_1〜F_3）がこれにあたる．観測変数は，調査や実験等により直接的に測定される変数のことで，パス図では四角で囲む．図 6.7 では仕事満足度という構成概念を測定している具体的な尺度項目（X_1〜X_3）がこれにあたる．

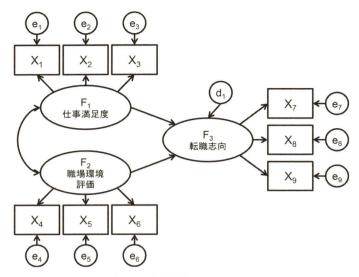

図 6.7 典型的な SEM モデル

　構造変数は，仮説において重要な意味をもつ変数のことで，観測変数と仮説的構成概念を指す潜在変数がこれに含まれる．図 6.7 では F_1〜F_3 と X_1〜X_9 である．これらの間に単方向（因果関係）あるいは双方向（相関関係）の双方向の矢印を引いて仮説モデルを表現したものがパス図である．単方向の矢印を相互に引くことで双方向の因果関係を表現することもできる．

　パス図において単方向の矢印を受ける（つまりなんらかの原因変数によって説明される）変数のことを内生変数と呼び，これには必ず誤差が付属する．図 6.7 では転職志向 F_3 と X_1〜X_9 である．誤差は原因変数によって説明できない変動を表現するもので，データ観測の際に必ず伴う誤差を明示的に分離しバイアスのない推定を行うための手続きである．これによるメリット（希薄化の修正）については 6.2.3 項（3）で詳述する．観測変数に付属する誤差を誤差変数（error），潜在変数に付属する誤差を撹乱変数（disturbance）と区別して称することもあるが，両方併せて誤差変数としても差し支えはない．

　一方で，他の変数から単方向のパスを一つも受けない変数のことを外生変数と呼ぶ．図 6.7 では仕事満足度 F_1 と積極性 F_2 がそれにあたり，また誤差変数はつねに外生変数である．構造変数のうち外生変数にあたるものが複数含まれるモデ

ルにおいては，特別な仮説がない限りは，それらの間を双方向矢印で結んで，共分散（相関係数）を推定するようにする．内生変数どうしを双方向の矢印で結ぶことはできない．

　正規分布に基づく典型的なモデルでは，推定する母数（パラメータ）は回帰係数（因子負荷量・パス係数），独立変数の分散と共分散の3種類である．推定は，①仮説モデルに基づき構造方程式を作成し，②モデルの分散・共分散を母数で構造化し，③構造が標本分散・共分散に最も近づくように母数を推定する，という手続きで行われる．SEM が「共分散構造」分析と呼ばれるのは，このような手続きによって，元のデータから計算される分散・共分散行列と，作成したモデルからの予測値から計算される分散・共分散行列を一致させるように母数が推定されることによる（注1）．

6.2.3　SEM を用いることの利点

　以下では，SEM を用いることによってとくに応用研究者が享受可能な利点について述べる．着目するのは，①誰にでも理解しやすい直感的なインタフェースをもつソフトウェアによって提供されていること，そして，②従来の方法論では提供されないか軽視されてきたが重要な情報である適合度指標を提供することができること，③希薄化の修正がなされることでデータから得られる実証的知見の科学的価値が高められること，の3点である．

(1) グラフィカルインタフェース

　最初にあげるのは，SEM の「とっつきやすさ」である．そもそも「パス図」とよぶように因果モデルは（方程式としてはもちろん）視覚的に表現することが可能なので，SEM を実行できる統計ソフトウェアの多くはグラフィカルインタフェースをもつ．よって，ごく直感的なやり方でモデルの構築や修正，そして分析の実施ができる．これは，方法論そのものが与えてくれるメリットではないが，難解な数理モデルの理解や分析のためのプログラミングに苦手意識をもつ応用研究者にとっては大きな価値をもつものであろう．簡単な操作で因果関係に関する仮説を示すパス図を作成し，それに対応する観測のデータを読み込み，実行ボタンをクリックすれば，先ほど描いたパス図上にたちどころに解析結果が表示される（6.1 節で示したいくつかのパス図もこうした出力をもとにして描かれた

ものである).モデルを修正したいという場合もごく簡単である.先ほど描いたパス図に含まれる変数やパスをクリックして選択し,メニューから削除を選べば当該要素をモデルから消し去ることができる.もちろん,変数やパスを新たに付け加えることもできる.こうしたメリットは,扱いたいモデルが大きく複雑なものになればなるほど,その威力を発揮するだろう.この意味で,SEM は「気楽にそして楽しく」[3] 取り組むことができる多変量解析であるといえる.

(2) 適合度

次にあげる 2 点は,いずれも SEM という方法論そのものが与えてくれる,解釈の精緻化とモデリングの拡張性に関するメリットである.まず,SEM による推定を行った場合には,当該モデルの適合度 (goodness-of-fit) がさまざまな指標によって示される.適合度とは,モデルがデータに対してどの程度よくあてはまっているかを示す概念である.適合度の検討は,そもそもの仮説モデルの妥当性を検証することにほかならず,本来は分析結果を解釈する際にもっとも重要な事項のはずである.しかし,従来の(探索的)因子分析や,重回帰分析の繰り返しによるパス解析では,ほとんど検証されることなく看過されてきた.

なんらかの因果モデルを分析する際にどのようなパスを引くかという問題は,究極的には応用研究者の自由意思に委ねられている.たとえば因子分析において何因子モデルを想定しようとも,パス解析でどのような因果関係を想定しようとも,ソフトウェアはそれなりの推定値を出力してくれる.また,因子負荷量がじゅうぶんに高い数値であるかどうかを経験的に判断することもできるし,各パス係数の有意確率を見れば有意性を判断することもできる.

しかし,因果モデルはあくまでも分析者の研究仮説によって構成されたものなので,データの性質を十分に表現している保証はない[4].SEM においても同様で,分析の出発点となるモデルは研究仮説に基づいて構成されるものであり,変数間の関係を想定する際になんら制約はない.そうであるがゆえに,たとえモデルの母数がトラブルなく推定できたとしても,そのことだけではモデル自体のよさ,すなわちデータとモデルの乖離が十分小さいかどうかは未知である.構築された仮説モデルのよさ,つまりデータに対するモデルのあてはまりのよさを客観的に評価する手がかりとなるのが適合度指標である.

適合度指標にはさまざまなものがあるが,いずれもパス図に基づいて計算され

る観測変数間の分散・共分散と，データから計算される分散・共分散の間に存在するずれの程度を測ることによって算出される．数理統計学的にモデル全体の共分散構造を χ^2 分布に基づいて検定する方法論に基づくのが χ^2 値である．また，モデルの分散がデータの分散を説明できている程度を指標化したものにはGFI，独立モデル（観測変数間にパスを一切引かないモデル）と分析モデル双方の自由度を考慮した上で乖離度の比較を行うCFI（この二つは値が大きい方が当てはまりがよい）がある．あるいは1自由度あたりの乖離度の大きさを評価するRMSEA（値が小さい方が当てはまりがよい）などもある．さまざまな角度からモデル検証ができることは，SEMの大きな強みである．

こうした多種多様な適合度指標は，それぞれに異なる特徴をもつので，よく理解してから参照することが大切である（各指標の詳しい解説については豊田[4]や狩野・三浦[3]などを参照のこと）．各ソフトウェアも多種多様な指標を出力するため，どれを参考にすべきか，論文にはどれを記載すれば必要十分なのかと迷うかもしれない．これに関しては，いまだに方法論者の間でも一般的なコンセンサスはないようである（だからこそ数多くの適合度指標が提案され続けているともいえる）．もちろん，どの指標に関しても「そこそこに」よい適合度が得られていることが前提条件であることはいうまでもない．しかし「最低限どの指標を」ということになれば，先行研究でよく使われており，また評価基準が互いに異なるものを複数参考にして多角的に評価するのがよいだろう．たとえば表6.2は，各種の適合度指標を「相対評価であるか絶対評価であるか」と「自由度による調整を行うか否か」の2次元で分類したものである．この表を見れば，先ほどあげた代表的な四つの適合度指標，χ^2 値・GFI・CFI・RMSEAを参考にすれば，各評価基準を比較的バランスよく考慮できることがわかるだろう．

また，同じ変数群で構成される複数個のモデルの優劣を比較検討したいという

表 6.2 評価基準による適合度指標の分類[5]

	自由度による調整		
	なし	比	差
絶対評価	χ^2 値	RMSEA	F0, m_k, AIC
相対評価	GFI	AGFI	
	NFI, IFI	NNFI, RFI	CFI

場合もよくある．その際は，情報量規準に基づく指標が参考になる．なかでも代表的なものが赤池宏次氏の提案したAIC（Akaike's Information Criterion）である．AICは，統計モデルのあてはまりのよさ（goodness of fit）ではなく，予測のよさ（goodness of prediction）を重視するモデル選択基準である．モデルに新たなパスを引いて推定する母数を増やすと，χ^2値は必ず小さくなり，適合度は向上する．しかし，パスが多いモデルが必ず「優れている」とは限らない．そこで，AIC（あるいは大標本の場合にやや大きすぎる（母数の数が多く，自由度が小さい）モデルを選択してしまうというAICの欠点を補ったBICやCAIC）は，χ^2値に母数の数に基づくペナルティを加えることで，χ^2値と母数の数のバランスを取りながらよりよいモデル選択を試みるものである．いずれも，複数個のモデルのうち，より値が小さいものをよいモデルと判断する．なお，数値の絶対的な大きさには意味はないので，複数モデル間の数値の差でモデルの優劣を議論することになる．

(3) 希薄化の修正

SEMのもつもう一つの方法論としてのメリットは，潜在変数を導入することによって誤差を明示的に分離して表現し，観測変数間の相関係数や偏回帰係数で生じる希薄化（attenuation）を修正できることである．

たとえば6科目の学力テストデータを対象として因子分析を行う例を示す．表6.3が観測変数間の相関行列，図6.8が2因子モデルの検証的因子分析による推定結果である．両者を比較すると，図6.8の第1因子「文科的能力」と第2因子「数学的能力」の間の相関は，両因子に含まれるどの観測変数間の相関（表6.3）よりも高いことがわかる．これは，観測変数間で相関係数を算出すると，データから分離されずに含まれたままの誤差（図6.8ではe1〜e6として分離されてい

表6.3 6科目の学力テストデータの相関行列（Lawley & Maxwell, 1963）

	ゲール語	英語	歴史	計算	代数	幾何
ゲール語	1.000					
英語	0.439	1.000				
歴史	0.410	0.351	1.000			
計算	0.288	0.354	0.164	1.000		
代数	0.329	0.320	0.190	0.595	1.000	
幾何	0.248	0.329	0.181	0.470	0.464	1.000

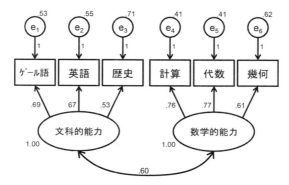

図 6.8 文科的能力と数学的能力の CFA モデル
χ^2 値 $(df) = 7.953(8)$, $p = 0.438$, GFI $= 0.988$, CFI $= 1.000$, RMSEA $= 0.000$.

る）が希薄化を生じさせ，係数の値が不当に低く抑えられてしまうことを示している．図 6.8 のモデルのように潜在変数を導入して誤差を分離すれば，希薄化を修正することができる．

　質問紙調査データの分析では，ある概念を測定した尺度（の下位因子）に関する合計得点を算出し，それを観測変数としてパス解析に持ち込む，という手続きがよく行われる．この手続きは不可避の問題として希薄化を生じさせる．先にも述べたように，観測変数である尺度項目の合計点を算出（尺度化）することは，そのなかに誤差を包含したまま分析に適用することを意味するから，回帰分析の結果から得られる偏回帰係数は，希薄化の影響を受け，絶対値が小さくなってしまう．また，素点の合計得点を算出するかわりに因子得点を（データから導かれた尺度の因子構造をよりよく反映した数値とみなして）用いる場合もある．しかし，これについても，因子得点は観測変数の重み付けの和得点であり，単純和である尺度得点と本質的には変わらないから，希薄化の問題を解決することはできない．SEM を用いればこの問題が解消できる．もちろん，尺度としてなるべく網羅的な意味合いの項目を用意することなど，別の方向の努力もすべきである．しかし，ある観測変数群を指標とする潜在変数を想定した SEM によるモデリングを行えば，項目を増やすための過剰な努力をしなくとも，希薄化を修正することが可能である．また，尺度化して回帰分析に持ち込むという手続きを踏んだ場合には，モデルのなかで推定すべきパラメーター数と推定すべきパス係数の数が

同一なので，つねにそのモデルは自由度 $df=0$ の飽和モデル（モデルとデータのずれが0のモデル）となる．モデルとデータのずれが0だと，前段であげた適合度指標を算出することができない．このことも，モデルの妥当性を論じることの科学的重要性を考えれば，大きな欠点であろう．

6.2.4　SEM を用いる際の注意点

ここまで，SEM が従来の多変量解析の多くを包含しうるほどの高い柔軟性と拡張性をもつ方法論である一方で，応用研究者にとって着手しやすい分析環境がすでに提供されていることを述べてきた．最後に，そのメリットを遺憾なく活かすために応用研究者が注意すべきとくに重要な点について，多分に精神論めいた内容になるが，述べておく（より詳しい議論は三浦[5]を参照していただきたい）．

変数間の関係について多様なモデリングが可能で，従来の分析法を統合するような存在，SEM はまさに多変量解析の極みである．ただし，柔軟性と拡張性が高いということは，無数の比較可能なモデルの存在に気づかされることも意味している．つまり，たとえ良好な適合のモデルが得られたからといって，それだけをもって心理過程や社会現象における特定の因果関係の存在を立証できたと主張するのは早計である．たとえば，同値モデル—研究者が設定する任意のモデルと適合度はまったく同じである一方で変数間の関係は異なるモデル—が存在する可能性がある．同値モデル間では，データの情報だけでは因果と相関や因果の方向といったモデルの違いを区別できない．図6.7のような「今の仕事に満足できていないので転職志向が高まる（仕事満足度 X_1 →転職志向 X_2）」と「転職志向が高いので今の仕事に満足できなくなる（転職志向 X_2 →仕事満足度 X_1）」とは，因果関係はまったく逆だが，$X_1=\beta_2 X_2+e_1$ と $X_2=\beta_1 X_1+e_2$ が同値になるため，これらのモデルの優劣は決定できないのである．潜在変数を導入したモデルでも同様で，図6.7のモデルと，因果の方向を逆にした（転職志向 F_2 →仕事満足度 F_1）というモデルとは互いに同値モデルであり，両モデルの適合度は一致する．また，構造方程式モデルは調査（非実験）データに適用される事例が多いが，非実験データに基づいて因果関係を完全に同定する方法は存在しない．つまり，因果に関する強い結論を期待すること自体にすでに無理がある．最終的なモデルを提出する際は，SEM に基づく分析結果を，モデルに含まれる変数間の関係に関する実質科学的な知見によって担保することが必要不可欠である（注2）．

また，適合度指標が出力されてモデルのあてはまりのよさが客観的に示されることと，クリック一つでモデルを修正可能な環境は，時として「とにかく適合度の高いモデルを探したい」と躍起になる研究者を生むことがある．SEMによるモデリングを行う以上，適合度が低いモデルを採用することはなるべく避けたい．適合度の低さはすなわち推定値が不正確であることを示しているからである．しかし，たとえばごくわずかに適合度の異なるモデルが複数個得られた場合に，ともかく適合度が少しでも高い方が必ず「よい」あるいは「正しい」というわけではない．ある一定レベル以上の適合を示しているモデルであれば，そこにある微少な違いには実質的な意味はなく，ごく偶然の変動がもたらしたものである可能性が大きい．

　推定においてこのような揺れが生じることは，ランダムな現象を扱う学問に共通する限界である．このような選択の場面では，SEMの提供してくれる数理的な手がかりよりも，自身の仮説に基づく内容的妥当性，すなわち実質科学的な知見としての意味を優先させるべきである．ある意味，研究者自身の仮説構築がどれだけ緻密に行われたものかが試されるともいえるかもしれない．適合度の高いモデルを探索することに夢中になりすぎると，いつのまにか所与の関心を忘れてしまい，それから遠く離れたモデルを構築してしまうようなことにもなりかねない．研究者は細心の注意を払うべきである．SEMは，仮説検証のための方法論である．分析途上のモデル探索は，適合度を上げることが目的なのではなく，仮説モデルの適合度が許容できる高さを示しているかどうかを確認する（いくつかのモデル間でどのモデルがもっとも適合しているかを比較する）ことが目的であることをつねに念頭においていただきたい．

　安藤[6]は，SEMを「さまざまな統計学的手法を統一的に扱うことのできる，理論的にも普遍性の高い手法である」と述べた上で，「仮説の身の丈に合った手法を用いる堅実な抑制心も大切な智恵である」として，応用研究者がSEMという方法論に振り回されることに警鐘を鳴らし，従来の多変量解析を簡単に捨て去るべきではないと主張している．筆者も同様の意見である．SEMは理論構築のためのツールであって理論ではない．応用研究者はSEMという方法論を知り，用いることを通して，「分析対象となるデータ・検証すべき仮説モデル・そして学問的パラダイムにどう対峙しているか，その際に研究者としていかに真摯に振る舞っているか」という研究者としての基本姿勢を試されているのである．

> **コラム**　　　　SEM ブックガイド

　ここでは，共分散構造分析（SEM）をより詳しく知り，実際の分析環境を整備する際に参考となる情報をいくつか紹介する．

理論の解説も含む入門書・専門書

　入門書としては，①小塩真司『共分散構造分析はじめの一歩』（アルテ，2010年），②豊田秀樹・前田忠彦・柳井晴夫『原因をさぐる統計学』（講談社ブルーバックス，1992年）などがある．①は共分散構造分析をまったく知らない方でも気軽に手に取ることができ，②は SEM が普及する以前に出版された名著で，分析の原理からパス図の見方まで平易に解説している．また，朝野煕彦・鈴木督久・小島隆矢『入門共分散構造分析の実際』（講談社，2005年）は用いられている事例がマーケティング研究のものなので，その方面の読者にはとっつきがよいだろう．

　専門書としては，朝倉書店から刊行されている豊田秀樹氏の著（あるいは編著）による一連の『共分散構造分析』シリーズが「入門編」から「数理編」まで充実している．「入門編」でもじゅうぶん難解ではあるが，関心に合わせて知識を深めるには最適であろう．実際に自分のデータに SEM を適用する際に座右におく1冊として個人的にお勧めなのは「疑問編」（2003年）である．実際にユーザーから寄せられた，SEM の基本的な考え方に関係する疑問とそれへの解答がまとめられており，初心者から中級者までが遭遇する疑問はほぼカバーされている．また，3.5章で引用した狩野（2002）[2]は，数理統計学の立場から SEM による数々のモデリング手法を解説しており，因果推論とは何かを詳しく（しかし具体例を伴ってある程度平易に）理解させてくれる．データから因果関係を明らかにすることの意義と難しさを同時に知ることができるだろう．

ソフトウェア利用ガイド

　SEM を実際に「使う」（分析ソフトウェアの操作に習熟する）ためには，方法論の理解に加えて，操作マニュアル的な情報も手元に備える方がよい．有償のものでもっともよく利用されている IBM 社の Amos については，小塩真司『SPSS と Amos による心理・調査データ解析』（2004年）ほか，一連の関連書籍や，豊田秀樹『共分散構造分析（Amos編）』（2007年）などがある（いずれも東京図書）．後者の方が発展的なモデルについて詳しく紹介されているが，ひとまず触ってみようというニーズには前者でも十分対応できる．

　フリーの統計ツール R でも sem パッケージなどを用いて SEM を実行できる．各種パッケージの利用方法は RjpWiki（http://www.okada.jp.org/RWiki/）に詳説されている．SPSS と比較すると，R による SEM に関する解説のある書籍はまだ多くないが，服部環『心理・教育のための R によるデータ解析』（福村出版，2011年）は多くの章を SEM に割いており，なおかつ非常に詳細である．

むしろ豊富なのはユーザーによるブログなどウェブ上の資料で，たとえばこのブログ（http://hognalala.blogspot.jp/search/label/R）からは前述の豊田『共分散構造分析（Amos 編）』の事例の R スクリプトと実行結果を参照することができる．

注1 ただし，SEM で分析できるのは共分散構造だけではなく，平均構造を分析することも可能なので，この名称は実態とはやや乖離している．主要な SEM ソフトウェアの一つである Amos（analysis of moment structures, 積率構造分析）の名にはそのニュアンスが込められている．積率とは分布の特徴を表す統計量のことである．

注2 実質科学（substantial science）とは，解明・解決すべき具体的な現象・問題へのアプローチのことである．対して SEM は方法論（methodology）―実質科学の目的を達するための方法を研究対象とする学問―により提供されたものである．

文 献

1) 狩野 裕「構造方程式モデリングは，因子分析，分散分析，パス解析のすべてにとって代わるのか？」『行動計量学』**29**（2），138-159，2002 年．
2) 狩野 裕「構造方程式モデリング，因果推論，そして非正規性」 竹内 啓（編著）『多変量解析の展開―隠れた構造と因果を推理する』岩波書店，2002 年，pp. 65-129.
3) 狩野 裕・三浦麻子『グラフィカル多変量解析（増補版）』現代数学社，2002 年．
4) 豊田秀樹『共分散構造分析－構造方程式モデリング―［入門編］』朝倉書店，1998 年．
5) 三浦麻子「因果関係をモデリングする―共分散構造分析」 吉田寿夫（編著）『心理学研究法の新しいかたち』誠信書房，2006 年，pp. 85-113.
6) 安藤寿康「構造方程式モデリングの光と影」『パーソナリティ研究』**15**（1），120-123，2006 年．

IV

データから考える
―統計的エビデンス―

　ビッグデータという言葉がマスコミをにぎわすようになって久しいが，近年のIT技術の進歩とともに，データ分析から政策や戦略決定の指針を得ている組織の数は急増している．ただ，最新のIT機器を備えているだけで正しい指針を導き出せるわけではない．ここでも，統計手法についての正しい理解が求められる．第IV部では，行政機関の政策あるいは企業の戦略を決定する際に，統計がどのような形で利用されているのか，その事例と統計手法が紹介されている．

エビデンスとは

　エビデンス（evidence）とは，（科学的）根拠の意で用いられる言葉である．何かを主張する場合，相手に納得してもらうためには，エビデンスを示さなければならない．統計手法を用いれば，同一の手続きを行った場合，誰がそれを行ったとしても同じ結果となる．それゆえ，そこで得たエビデンスは，用いた手法の限界や手続き上の誤りを指摘するか，同じく数値データを用いた統計的手続きによる反証以外，覆すことはできない．統計が強力なエビデンスを作り出すゆえんである．また，エビデンスは，正しい選択を行うための指針にもなりえる．

　私たちは，日常，どんな政策が私たちの生活を支えているのか，ほとんど意識していない．個々の政策に目を向けるときがあるとすれば，それは，その政策が，私たちに直接利益あるいは不利益をもたらすときではないだろうか．幼い子供のいる共働き夫婦は待機児童問題への行政の取り組みに，一方で，高齢者は介護保険制度の改定などのニュースに大きな関心を寄せるであろう．逆にいえば，政策は社会問題を解決するために作られ，施行されるが，誰の問題を解決するのかによって，様々な利害が錯綜する．

たとえば，ゴミ処理場を作ることは，地域のゴミ問題の解決につながるが，処理場が建設される周辺の住民にとっては，不利益を被ることがあるかもしれない．いわゆるNIMBY（ニンビー：Not In My Back Yard）問題である．さらにいえば，そこまで直接的な利害関係はないにしろ，ある政策に費やされるコストは，行政機関の予算が有限であることを考慮すれば，その政策の恩恵を受ける人以外には，もっと自分たちの問題に予算を使ってほしいという不満が生じるかもしれない．

どの問題を取りあげ，どの問題を取りあげないかは，政治的な判断に委ねられているが，その根拠となるのが，統計的手続きにより作成された「政策指標」と呼ばれる数字である．これらの指標によって，当該政策を実施したことによる効果（たとえば失業対策であれば失業率や求人倍率の推移など）を求め，他の政策との優劣を検討したり，政策の継続あるいは中止が決定されたりすることになる．

正しい選択が求められるのは，何も行政機関に限ったことではない．たとえば，ネット通販の草分け的企業であるアマゾンでは，消費者の閲覧や購買履歴の情報から，特定の商品を閲覧，購入した消費者に対して，その商品と類似性の高い他の商品を紹介することで売り上げを伸ばしている．アマゾンにとって，商品間の類似性のデータは，マーケット戦略上のエビデンスの一つといえる．

比率から社会を見る

第7章では，行政・政策の"善し悪し"を評価するための，第8章では，保健，医療の実態を把握するための，様々な統計指標が紹介されている．これらの指標の多くは，分母と分子を対比すること，すなわち比率を求めることにその基礎をおいている．

比率と一口に言っても，構成比と相対比の二つの種類がある．総人口のうちの65歳以上の人口の割合のように，全体を分母とし，その内条件を満たす部分を分子とする場合を「構成比」，客単価（顧客1人あたりの平均売上）のように，種類の違う数の間の比を求める場合を「相対比」と呼ぶ．なぜ，数値そのものではなく，構成比あるいは相対比をとるかといえば，比較したい数値以外の条件を揃える（他の条件の効果を除く）ためである．

各地域の高齢化の程度を比較するために，65歳以上の人が何人居住している

かを調べることは正しいアプローチであるが，調べた数値をそのまま比較するわけにはいかない．平成25年10月1日現在の人口推計（総務省統計局（http://www.stat.go.jp/data/jinsui/2013np/）参照）によれば，65歳以上の人は，筆者の住む京都府には約67万6千人，東京都には約291万4千人居住していることがわかる．ただ，この数値だけを見て，東京都の方が高齢者の割合が高いと結論する人は誰もいないだろう．東京都と京都府とでは居住者全体の人数が違うからである．実際，65歳以上の居住者数を分子，全居住者数を分母として比率を求めたところ，京都府は25.8％，東京都は21.8％となり，高齢化率は京都府の方が高いことがわかる．

　相対比の例でいえば，最近話題になることが多い「労働生産性」の例を紹介する．経済活動の指標としては，国民総生産（GDP）が広く知られている．周知のように，現在，日本はGDP世界第3位の経済大国である．ただ，GDPは国全体としてどれほどの経済的価値を生み出しているかの指標であって，国民1人1人の生産性については，国により規模の違いがあるため，GDPの単純比較では決めることはできない．

　労働生産性は，GDPを分子，就業人口を分母として，就業者1人あたりの生み出す経済的価値を求めたものである．この指標によれば，2013年の時点での日本の労働生産性（公益法人日本生産性本部『日本の生産性の動向2014年版』（http://www.jpc-net.jp/annual_trend/）参照）は，758万円/人であり，OECD加盟34カ国中22位である（GDP1位の米国は1196万円/人で，第3位である）．なぜ，わが国の労働生産性は先進国の最低レベル付近にあるのか．比率をとることによって，労働力人口の減少が深刻化するわが国の直面している課題の一端が見えてくる．

第IV部の内容

　第IV部では「データから考える—統計的エビデンス—」と題して二つの章をおさめている．

　財政状況の悪化や効率性を求める市民からの要求を背景にして，行政が行う政策においても，民間企業同様，費用対効果などの効率性が求められるようになってきた．いわゆるニューパブリックマネジメントと呼ばれる手法により，政策の効果を客観的に把握するための様々な統計的指標が考案されている．第7章「評

価のものさしを作る」の事例編では，こういった政策評価のために作成されている様々な指標を紹介している．

　解説編では，評価指標を作成するための基本的な考え方や運用上の問題点など，実践的なプロセスが詳述されている．さらに，データの信頼性と妥当性，フロー（一定期間に発生する量）の指標とストック（ある時点に存在する量）の指標との区別，横断的（クロスセクション）比較と時系列的比較など，統計を使いこなすための基礎的なリテラシーもカバーしている．

　第8章「保健・医療の実態を把握し，比較する」の事例編では，「がん死亡は増えているか」という問いへの答えが，死亡率のとらえ方しだいで変わることを示している．世界中のどの国よりも急速に高齢化が進行するわが国において，医療費の増大は避けて通ることのできない課題である．ここでも費用対効果を考慮した医療政策が求められている．その戦略策定に寄与するのが，保健・医療の実態を把握するための統計指標である．

　解説編では，罹患率や有病率など基本的な医療統計の指標の解説とともに，私たちがマスコミなどを通じて目にすることの多い，特定の生活習慣が引き起こす健康リスク，たとえば喫煙習慣と肺がんとの結びつきなどを具体的な数値で表すための手法を紹介している．

7. 評価のものさしを作る

●小野達也

7.1 ［事例編］その政策は有効？効率的？：行政・政策の評価

7.1.1 行政・政策の評価が求められる時代

この20, 30年，行政の活動や個々の政策を自ら評価すること（以下では「行政・政策の評価」と呼ぶ）が世界中の先進国で盛んに求められるようになった．その背景には経済成長鈍化に伴う財政事情の悪化や市民の監視する意識の高まりなどがあるが，直接の契機としてはニューパブリックマネジメント（以下ではNPMとする）と呼ばれる世界的な公共部門改革の影響が大きい．そこでは民間の経営手法に学ぶ形で，公共部門でもPDCAサイクル（Plan 計画―Do 実行―Check 評価―Action 改善のサイクル）を回すことが求められ，それまで不十分であった自らの活動の評価（チェックすなわちPDCAのC）が急速かつ広範に求められることとなった．

行政・政策の評価の方法にはさまざまなものがあるが，どれも政策・施策・事業（広義の政策には狭義政策・施策・事業という階層がある．たとえば，高齢者福祉政策・健康づくり施策・介護予防教室事業など）の有効性（得ようとする成果と実際の成果の関係）や効率（結果と費用の関係）などを把握し，必要な改善を行うとともに，市民に説明するものといえる．そして有効性・効率性などを客観的に把握するためには，数字・統計データを用いることが必須であり，実際に行政・政策の評価ではさまざまな数字・統計データが用いられる．

以下では，まず評価において統計データを用いることの意味を確認してから，行政・政策の評価に登場する評価指標と呼ばれるものを中心にさまざまな統計データの具体例を紹介する．続いてそれらの統計データが，どのような評価の枠組みや場面で，どのような役割を担うのか，その課題にも触れながら解説を加え

ることとする.

7.1.2 評価に登場するさまざまな統計データ

　自然科学であれ社会科学であれ，統計データを用いることの効果の第一は，意味が明確になること，つまり客観的に議論できることであろう．行政は科学研究とは異なるが，評価の実務ではこのような客観性が重要であり，統計データを用いた評価指標などを活用することが求められる．

　また，行政・政策の評価においては，税金を有効に無駄なく使ったことを納税者に説明する目的（アカウンタビリティ，説明責任）も重視される．文章による説明を統計データに代えることができれば，明確であると同時にわかりやすい．

　自らの業績や効率を測定・評価するといえば，民間企業は当然データに基づいて実行しているであろう．しかし，民間企業には売上・利益といった唯一絶対の評価軸があるのに対し，行政・政策評価の評価軸は多面的であり数値化が容易でないものも多い．このため，評価指標を作って使うためには，さまざまな工夫が必要となる．

　さて，評価指標（業績指標，実績指標とも呼ばれる）とは，政策・施策・事業をさまざまな観点から評価するためのモノサシである．はじめに，アウトカム・アウトプット・効率・目標達成度という代表的なカテゴリーの指標を紹介しよう．続いて，評価指標とは異なり一定のルールや評価者の判断で数字を割り当てる評定・評点，顧客アンケートに基づく満足度等の指標化や分析，評価指標の地域間比較，正味のアウトカムであるインパクトの評価，費用と効果を事前に推計する費用便益分析の順に取り上げる．カテゴリーごとに一つの例を選んで簡単な解説を付した．なお，評価指標などは多くの場合，複数年の実績値が公表されているが，ここでは紙幅の関係で単年度の値のみ引用する．

　この章で取り上げる事例は，例23を除いて各機関のウェブサイトで見ることができる（本稿執筆時点）．日本で最初に評価制度を導入した三重県など広く知られる取り組みや筆者の地元の事例から多くを引用するが，府省は法律で評価が義務付けられ，自治体も都道府県と市区のほとんど（2010年時点で，都道府県・政令市・中核市・特例市は100％近く，その他の市区で約8割）が評価を行っている現在，類似の事例は至る所で見ることができるだろう．

アウトカム（成果・効果）指標

　アウトカムとは，評価の分野では，政府・自治体が政策・施策・事業を実行した結果，国民の生活環境や社会の状態がどれだけ改善したかなど，得られた成果（効果と呼ばれることもある）のことである．所期の成果が得られたかどうかが有効性という概念であり，近年の評価において最も重視されるといってよい．アウトカムを測る指標は，有効性指標と分類されることもある．

> **例1**　メダルポテンシャルアスリート（メダル獲得の潜在力を有するアスリート）数：74人（2010年度）
> （文部科学省の施策目標「我が国の国際競技力の向上」の政策評価制度・実績評価書における成果指標）
> **例2**　刑法犯の認知件数：22,215件（2011年）
> （三重県の長期戦略計画「みえ県民力ビジョン」の施策「犯罪に強いまちづくり」の県民指標）
> **例3**　観光客入込客数：245万人（2011年）
> （鳥取市の第9次総合計画の施策「ビジットとっとりの展開」の成果指標）
> **例4**　「子育てを楽しい」と思う市民の割合：63.6％（2009年度）
> （鳥取市の第9次総合計画の施策「子育て応援の充実」の成果指標）
> 〔解説〕子育てを応援する施策の目指す成果として明確である．精密な測定には無作為抽出による一定規模のアンケートを実施する必要があり，集計対象を子育てにかかわりのある層に絞り込むことも考えられる．また政府や県の施策の影響もあることに注意が必要である．最終的な成果としては，出生数や合計特殊出生率なども設定できるが，評価対象施策以外の影響がより大きくなるだろう．

アウトプット指標

　アウトプットとは，政府・自治体が政策・施策・事業を実行した直接的な結果として，世の中に提供される財・サービスのことである．したがって，アウトプットを測る指標は政府・自治体が行った仕事の量に相当したり，比例したりする場合が多い．しばしばアウトカムこそ重要である（つまり，行政が何をしたかよりも，国民や社会が何を得たかで評価すべきである）とされるが，アウトカムが発現するためには相応のアウトプットが必要なことはいうまでもない．

例5　トップアスリートへの高度な支援活動に携わるスタッフの延べ人数（人）：14,024 人（2011 年度）
（文部科学省の施策目標「我が国の国際競技力の向上」の政策評価制度・実績評価書における活動指標）

例6　凶悪犯の検挙率：71.6％（2011 年度）
（三重県の長期戦略計画「みえ県民力ビジョン」の基本事業「犯罪の徹底検挙と抑止のための活動強化」の活動指標）
〔解説〕検挙率を向上させるためにはさまざまな努力や工夫を必要とすることから成果指標として設定されることもあるが，住民の視点からはそのような内部努力も含めての警察活動であり，活動量を測る指標とするのが適切だろう．この種の事業の成果指標としては，例2のような犯罪の認知件数や発生率が広く用いられる．

例7　職員数：1,405 人（2010 年度）
（鳥取市の第9次総合計画の施策「効率的な執行体制とサービスの強化」の成果指標—「成果指標」と位置付けられているが，実質はアウトプット指標である．）

効率を測る指標

　行政活動や政策の効率という場合，多くはアウトカムやアウトプットという結果と費用の比を指す．ほとんどの先進国，国内でもほとんどの自治体が財政難である今の時代，成果・有効性と並んで重視される観点である．同じ費用でどれだけ多くの結果が得られるかという効率（狭義）と，同じ結果を得るための費用をどれだけ抑えられるかという経済性の二つの観点に分類される場合もある．

例8　延長保育利用者1人当たり事業費：1,874 円/人（2011 年度）
　延長保育促進事業費 303,002 千円÷延長保育利用延べ児童数 161,667 人＝1,874 円/人
（大分県の事務事業「市町村児童環境づくり基盤整備事業」の 2012 年度事務事業評価調書の効率性指標）
〔解説〕事業費を利用者数で除すという典型的な効率を測る指標．指標値の解釈は，時系列比較や類似の他事業，他地域との比較によってなされるだろう．非常に小さい値は効率がよいというより行政ニーズを満たしていない可能性が

あるなど，行政サービスの効率の判断には注意が必要である．

例9 市立体育館利用者1人当たり維持管理費：349円/人（2005年度）
事業費合計（人件費含む）66,500,982円÷利用実人数190,328人＝349円/人
（逗子市の事務事業「市立体育館維持管理事業」の2005年度事務事業評価シートの効率指標）

指標の目標達成度

　行政・政策の評価では多くの場合，評価指標の目標値を定め，実績と比べることが多い．評価指標の値を計測してもそれを眺めるだけでは，評価対象である政策・施策・事業が順調なのか否か判断することは多くの場合難しいが，目標値など判断の基準となる水準があらかじめ定められていれば，明確な判断を下すことができる．さらには目標の達成度を数字で表せば，目標の達成度合を，具体的に把握し比較することができる．いくつかの府省と多くの自治体では，指標の目標達成度（達成率，到達率など呼称はさまざま）を計算して報告している．これらも評価指標の一種であるといえる．

例10 人口（10月1日時点）の目標達成率：97.7％（2009年度）
実績値198,289人÷目標値203,000人（2015年度）×100＝97.7％
（鳥取市の第8次総合計画の基本構想の数値目標No.1）

例11 観光客入込客数の目標達成率：87.5％（2011年）
実績値245万人÷目標値280万人×100＝87.5％
（鳥取市の第9次総合計画の施策「ビジットとっとりの展開」の成果指標）
〔解説〕目標値が十分に議論されたものであれば，施策の成果が一目瞭然である．なお目標達成度については例12のような計算方法もあるなど，単純な計算でありながら留意すべきことがらがいくつかある（7.2.3項参照）．

例12 救急救命士数の目標達成度：60.5％（2012年4月）
目標値198人（2018年度），基準値122人（2008年度），実績値168人
計算式　(168－122)÷(198－122)×100＝60.5％
（鳥取県の政策内容「消防・救急体制の充実・高度化・強化，危険物の保安の確保」の2012年度工程表（消防防災課）に記載の測定指標）

評定・評点

一般に評価指標は業務統計や統計調査，アンケートなどから得られたデータを用いて計算されるが，それらの評価指標とは別に，評価指標の値によってカテゴライズしたり評価者の判断で割り当てたりした数字（あるいは記号）もしばしば登場する．

例13 インターネット経由複写の発送にかかる日数（処理件数のうち，80％以上を提供した日数・時間）：「○」

「現行水準維持」の目標に対し，実績値4.8日が過去5年度の平均に一定程度近いことから，◎○△×の4段階評価の2番目と評定．
（国立国会図書館の2011年度活動実績評価における重点目標「インターネット経由申込み複写において，利用者満足度を高めます．」の成果指標）
〔解説〕過去5年の実績値の平均を基準点とし，その間の年間変動の絶対値の平均を「現行水準維持」とみなせる幅とする（基準点からの変化がこの範囲内なら4段階評価の2番目「○」とする）などのルールにより，評定の基準が曖昧になることを回避している．しかし，内部評価の事務としてこのようなルールは煩雑な面があり，次年度より簡素化されている．

例14 （政策内容の達成度の）自己評価：6点（2012年度）
最高は10点（評価者の判断による）
（鳥取県の政策内容「工程表を活用したPDCAサイクルの循環と進捗管理」の2012年度工程表（業務効率推進課）の評価欄）

例15 事業目標指標「飲酒運転が関係する交通事故死者数」の達成度：3点
最高は5点（評価者の判断による）
（三重県の事務事業「飲酒運転追放事業」の2002年度継続事務事業目的評価表の「事業目標指標の達成状況」欄）

例16 （例15と同じ事務事業について）「顧客ニーズの理解と対応」の実績自己チェック結果：3点「できた」
最高は4点「十分できた」（評価者の判断による）
（例15と同じ事務事業の同年度の継続事務事業目的評価表の「実績自己チェック」欄）

例17 （例15と同じ事務事業について）自己チェック評点の平均点：3.8点
例16を含む10個の評点の平均

(例15と同じ事務事業の同年度の継続事務事業目的評価表の「実績自己チェック」欄)

顧客満足度を測る指標と統計データ

　行政が提供するサービスのアウトカムには，満足度などサービスの受け手の主観こそが評価の決め手となるものが少なくない．NPMの時代になって，サービスの質の重視や顧客志向が唱えられるなか，顧客満足度等の主観的評価を集計して指標化したり，民間企業と同様に改善のための分析をしたりする取り組みも増えつつある．

例18　来館利用サービスの全般満足度（利用者アンケートで「満足」「やや満足」と回答した人の割合）：88％（95％信頼区間86～90％）（なお，「現行水準維持」の目標に対し，実績値が過去5年間の平均を一定程度上回ることから，◎○△×の4段階評価の1番目「◎」と評定）
(国立国会図書館の2011年度活動実績評価における重点目標「図書館業務を効率化し，サービスの利便性と利用者満足度を向上させます．」の成果指標)

例19　市の施策等のわかりやすさの市民満足度（市民アンケートで中程度の評価より高い回答をした市民の割合）：23.3％（2009年度）
(鳥取市の第9次総合計画の施策「市民等との協働の推進」の成果指標)

例20　逗子海岸海水浴場の顧客満足度調査結果（2000年度）
・海水浴場に関する7項目のうち，重要度（5～1の5段階評価の平均点）が高いもの
　　1．トイレが整備されている　　4.72
　　2．砂浜にゴミが落ちていない　4.71
・海水浴場に関する7項目のうち，満足度（5～1の5段階評価の平均点）が低いもの
　　1．トイレが整備されている　　3.24
　　2．砂浜にゴミが落ちていない　3.37
重要度が高く満足度が低い項目は，もっとも対策が必要な項目．
(逗子海岸海水浴場におけるCS（顧客満足度）調査報告書)

〔解説〕アンケートにより顧客満足（customer satisfaction：CS）を調査した結果はそのままアウトカム指標として使われることも多いが，CS調査本来の

目的は顧客の満足・不満の原因を把握し改善することにある．その典型的方法が，複数項目について満足度と重要度を尋ね，重要度が高いにもかかわらず満足度が低い項目を明らかにするなどの分析である．

指標の地域間比較

　自治体の作成する評価指標は，同じ指標であれば，自治体間で比べることができる．各自治体が独自に比べることもあれば，中立の立場の機関がデータを集め，整理した上で提供・発表する取り組みもある．

例 21　図書館の市民登録率（登録者数/人口）（2009年度）：茅ヶ崎市 47.1％，藤沢市 41.6％，平塚市 45.2％，鎌倉市 50.6％，大和市 55.1％
（茅ヶ崎市 2011 年度施策評価シートにおける施策「地域社会を支える情報拠点としての機能をたかめる」の「施策目標の達成状況」欄の他団体比較）

例 22　市管理職に占める女性比率：26.5％，偏差値 58.9（2009 年度）
偏差値はデータが提出された 67 市町の分布に基づく．全国平均 18.8％，最大値 40.0％，最小値 0.0％．
（都市行政評価ネットワーク会議が作成した南魚沼市の 2009 年度分析カルテ中の施策「男女共同参画社会づくり」の成果指標－南魚沼市が公表）

〔解説〕地域間比較は，人口・面積など規模の大小にかかわらず比較できるような比率の形の指標によって行うことが多いが，偏差値などの共通尺度に加工すれば，さらに精密な比較ができる．ただし，偏差値を計算する際にはあらかじめデータの分布を確認し，必要があれば変数変換等を行うことが望ましい．

インパクト（正味のアウトカム）の推計

　これまでの事例はどれも，政策・施策・事業の有効性や効率などを統計データで記述するものであった（一部は標本誤差の推定などを伴う）．一方，諸条件をコントロールして統計解析を行い，成果を厳密に特定しようというアプローチもある．国内の公共部門では，自らこのような評価を行うことがまだほとんどなく，次は米国の事例である．

例 23　米国ボルティモアの出所者に対する資金援助プログラムのインパクト推定[1]（表 7.1）
〔解説〕評価対象のサービスの対象となる者（実験グループ）と対象にならな

表 7.1 釈放後 1 年間の再逮捕率

逮捕罪状	実験グループ	比較グループ	差	
窃盗罪	22.2%	30.6%	−8.4	有意
その他の重罪	19.4%	16.2%	+3.2	有意でない
微罪	7.9%	10.2%	−2.3	有意でない

対象者は無作為に 2 グループへ配分された.

い者（比較グループ）を無作為に配分する「実験」によってインパクトを推定した例．現実の政策・施策・事業についてこのような実験ができることはきわめてまれであり，比較グループの確保などできるだけ実験に近づける工夫が重要となる．

費用便益比の推計

上の例までは，すべて事後的な評価（開始されてからの評価，終了後の評価も含む）であったが，公共事業など特定分野の事業については，事前にも評価が行われる．そこで重視されるのは効率，つまり効果と費用の比である．

例 24 八ッ場ダム建設事業の投資効率性（費用便益比）：2.9（2007 年度時点）
総便益 8,525 億円÷総費用 2,917 億円＝2.9
（国土交通省 2007 年度事業評価カルテ）
〔解説〕公共事業の効率は，事業によってもたらされる効果を貨幣価値に換算した便益を費用で除した費用便益比によって評価するのが基本である．費用便益比が 1 を超えることが事業を実施するための大前提となる．なお，評価の実務における便益推計作業にはさまざまな制約があることに注意が必要である．

例 25 泊漁港整備事業の費用便益比 事業を完了した場合 1.08，再評価時点で中止した場合 1.01（ともに 2006 年度時点，計算方法の見直し後）
事業を完了した場合：総便益 5,565,827 千円÷総費用 5,131,172 千円＝1.08
再評価時点で中止した場合：総便益 4,662,160 千円÷総費用 4,612,797 千円＝1.01
（2006 年度第 8 回鳥取県公共事業評価委員会配付資料）

7.1.3 行政・政策の評価における統計データの役割
行政・政策の評価には三つの系譜がある

行政・政策の評価には，研究においても実践においても，①事後の段階，つまり政策・施策・事業が開始または実施された後で，多数を同時に同じ方法で評価する，②事後の段階で，個々の政策・施策・事業を対象に，多面的・総合的に，あるいは深く掘り下げて評価する，③個々の事業について実施すべきか否か，あるいはどのような手段を選ぶべきかを判断するために事前の段階で評価する，という三つの系譜があるといってよい．これらは一般に，業績測定，プログラム評価，事前の政策分析（あるいは単に事前評価）と呼ばれるが，その特徴と統計データの役割，日本の現状は次のとおりである（要点を表7.2に掲げた）．なお，各系譜の詳細については節末の文献[1~4]を参照されたい．

業績測定

NPMの潮流によって世界中に一斉に広まったといっても過言ではなく，日本でも急速に普及した．個々の政策・施策・事業に限らず組織（個々の府省や自治体など）全体のPDCAサイクルを回す目的で，幅広く定期的に各種の評価指標を計測・報告し，必要な対策を取るのが基本である．「指標を計測する」という語が示唆するとおり，評価指標の中身は原則統計データである．

表7.2 評価の3系譜における統計データの活用（筆者作成）

	業績測定	プログラム評価	事前の政策分析
統計データの役割	様々な統計データが評価指標として用いられる．	統計データの解析により，インパクト（正味の効果）の有無や大小を明らかにすることが最終目的．	統計データに基づく効率の推定が最も重要．他に事業の必要性を示す統計データも用いられる．
評価指標の位置づけ	評価は，評価指標に基づいて行われるのが基本．	統計解析の前段階や補足として，様々な評価指標がモニタリングされる．	評価の中心は事業の効率を示す評価指標である費用便益比．
日本の現状	文言による記述・分析も重要な役割を担う場合が少なくない．	本格的な統計解析はほとんど行われていない．	各種設定で結果が変わることに注意が必要．統計データが活用されないこともある．

日本の政府や自治体では，全事務事業・全施策などを対象に，評価指標及び他の情報を定型的なフォーマットに記入して分析・評価する方法が典型的である．政府の評価では多くの府省が同様の方式の評価を行っており（政策評価制度の実績評価方式や行政事業レビューなど），自治体でも事務事業評価制度などと呼ばれ，広く導入されている（例1，例5，例8，例9，例12）．

このほか，自治体では総合計画等の進行管理として，評価指標の目標設定とモニタリングを行う団体も多い（例2，例3，例4，例6，例7，例10，例11）．施策・事業ごとに定型的フォーマットを使って解釈や分析を行う場合もあれば，指標値に基づく分析が明示的に行われない場合もある．

なお，日本のこのような定型的フォーマットでは，数値の指標を重視する方針の一方，文言による記述・分析がかなりの比重を占める場合があり，「評価指標」や「目標値」自体が言葉で記述される場合もある．また，評価のなかで，客観的に測定される統計データとは別に，なんらかのルールに基づく評定や評価担当者の判断に基づく評点が登場することもめずらしくない（例13～例17）．

自治体の評価指標は同じ指標であれば，自治体間で比べることができる．日本でも各自治体が近隣の団体と比較したり（例21），多数の自治体が中立の立場の機関を通じて指標を比べたりする取り組み（例22）が見られるようになっている．

NPMの時代になって，顧客の満足（あるいは顧客による評価）が重要なアウトカムであるとの認識が広まり，顧客満足度調査も多く行われている．アウトカム指標が算出される（例18，例19）ほか，サービス向上のための詳細な分析も行われる（例20）．

プログラム評価

プログラム評価は，評価対象の政策・施策・事業のインパクト（正味の効果）を明らかにすることが最終目的である．インパクトとは評価対象の事業等が実施されなかった場合と比べてどれだけの効果があったのかを意味し，それを定量的に把握するために，さまざまなデータを集め，統計解析を行って変数間の関係を明らかにするのが典型である（例23）．

なお，プログラム評価という取り組み自体は，このインパクト評価の前段階として，事業等の必要性や手段の妥当性の確認，事業等の各段階のモニタリング

（指標を設定し測定する手法自体は業績測定と共通）などを含むものとされる．

　日本では，政府の評価制度における標準的な評価方式の一つ（総合評価）として定められているものの，本格的な統計解析を実行するような取り組みはまだほとんど見られない．自治体においても同様である．

事前の政策分析（事前評価）

　事前評価としての政策分析とは，政策の将来の効果や負担に関する推計を行い，代替案の比較・選択や事業の採否を決するものである．最も重視する観点は効率で，効果を貨幣価値に換算して費用と比べる費用便益分析が中心的手法である．それを補うものとして，たとえば事業の必要性を示すための社会指標データなども用いられる．

　結果が出ていない段階で，しかも貨幣価値で便益を推計することは容易でなく，日本では重要（予算規模が大，または国民生活への影響が大）で，かつ評価手法が開発されている政府の政策分野でその実施が義務付けられている．公共事業（自治体への補助事業を含む）はその一つであり，公共事業の事前評価・再評価（途中段階で残事業を事前評価する）では，所管省庁があらかじめ用意した事業評価要領に従ってデータを用意し，計算が行われる（例24，例25）．推計モデルの選択や前提条件，各種パラメーターなどによって結果は変わり得るため，第三者機関によるチェックも重視される．一方，規制の事前評価などでは，統計データを用いた分析・推計はあまり行われていないのが現状である．

今後に向けて

　これからの評価における統計データの活用について，次のようなことが系譜ごとに指摘できる．業績測定は数の上では十分に普及しており，国民が納得できる説明を目指す政府を中心に数字・統計データをより重視する傾向もあるが，そこで重要性を増すのが数字・統計データの品質である（7.2節参照）．プログラム評価は，統計解析を伴う本格的実行が望まれるが，そのためには分析作業を担う体制（外部リソースの活用など）が必要である．政策分析（とりわけ公共事業の評価）については，開発された方法に従って作成される数字の中立性すなわち「不偏性」の確保（巻末のコラム「行政・政策の評価と統計のウソ」参照）が大きな課題である．

文　献

1) ロッシ，リプセイ，フリーマン『プログラム評価の理論と技法』日本評論社，2005 年．
2) 三好皓一（編）『評価論を学ぶ人のために』世界思想社，2008 年．
3) ハトリー『政策評価入門—結果重視の業績測定』東洋経済新報社，2004 年．
4) 田中　啓『自治体評価の戦略−有効に機能させるための 16 の原則』東洋経済新報社，2014 年．

7.2　［解説編］行政・政策を評価する：評価指標の作り方と使い方

7.2.1　評価指標が業績測定型評価の主役

　日本の政府や多くの自治体では，近年，自らの政策・施策・事業を評価する制度が導入されている．そこでの評価方法は多くの場合，欧米で発展・普及した業績測定（パフォーマンスメジャーメント）に相当するか，業績測定を中心にした評価であるといえる（本節では合わせて「業績測定型評価」と呼ぶ）．業績測定とは，個々の政策・施策・事業（以下では一括して「プログラム」と呼ぶ）に限らず組織（個々の府省や自治体など）全体の PDCA サイクルを回す目的で，公共部門が自ら幅広く定期的に各種の評価指標（業績指標とも呼ばれる）を計測・報告し，必要な対策を行う取り組みである．7.1 節でも述べたとおり，日本でも今や，大量の評価指標が作られ，使われている．

　ところで，民間企業の生産や経営では PDCA サイクルはずっと早くから定着していて，チェックの段階ではさまざまな指標が計測されており，公共部門の業績測定も民間の経営手法に学んだ面がある．しかし，評価指標の測定・活用はより複雑で困難な取り組みにならざるをえない．

　たとえば，公共部門には，民間企業のように利益・売上といった絶対的な重要性をもつ成果指標がなく，市民生活や社会状態の変化などさまざまな形で表れる成果を測らねばならない．公共部門の活動の最終目的が住民福祉の向上であるとすれば，住民の生活満足度や幸福度を成果指標とすることも考えられるが，政府や自治体の政策がどれだけ貢献したのか必ずしも明らかにならないだろう．

　成果を金額で測れる場合（産業振興施策など）でも，総額だけでなく公平性などが重要な観点となる．「産出（サービスの提供量など）÷投入（費用）」を効率とすれば，その概念は民間と共通だが，公共部門では産出が大きいほどよいとは

限らず（一定のニーズを満たす以上の産出は過剰となりかねない），投入も小さいほどよいとは限らない（公共部門の支出が経済を支える場合もあり，また大幅に節約できたとすれば予算査定の失敗でもある）．

これらは公共部門の業績測定・評価指標が抱える難しさの一例である．今日，政府・自治体はこのように難しい作業に取り組むことが求められている．そして，行政の現場では日々多くの職員が奮闘しているものの，多くの課題が残されているのが評価指標の現状である．以下では，業績測定型評価の主役である評価指標の作り方（設定の仕方）と使い方すなわち比べ方について，ポイントを解説する．

また，日本の業績測定型評価には，評価指標以外にしばしば登場する数字がある．評価対象のプログラムについて必要性・効率性・有効性といった評価の観点ごとに，あるいは総合的に，あらかじめ定めた基準に照らして3段階・5段階で評定した結果を表す数字や，直接10点満点などの評点で評価した数字である．

これらの数字は，評価指標で計測し表現することが難しい必要性・効率性・有効性や総合といった観点の評価として評価担当者が直に割り付けたものであれば，客観性が十分といえない場合があるほか，そもそもそれらの数字は統計データとはいえないかもしれない．しかし，このような数字が多く登場することもまた事実であり，これらの取り扱いについても，最後に取り上げることとする．

7.2.2 評価指標の作り方
プログラムにはロジックがある

業績測定型評価では，評価対象のプログラムを少数の指標でモニタリングすることが求められる．その指標の値に基づいて当該プログラムが所期の成果を上げているか，順調に進んでいるのかなど判断するのであるから，いうまでもなく，プログラムと評価指標の関係は明確でなければならない．

アウトカム指標について考えてみよう．近年では，アウトカム指標の重要性は広く認識され，その設定が義務付けられる場合も多い．ある自治体で人口減少を防ぐための対策（UIJターン誘導，子育て支援，雇用確保など）を進めるとして，総人口というアウトカム指標値の推移でこれら対策の成果を測ることにする．しかし，これらのプログラムが一定の効果を上げたとしても，少子化・人口移動など個々の自治体ではコントロールが難しい要因による負の効果が勝り，マ

```
Input → Process(Activities) → Output → Immediate Outcome
投入      過程（活動）         アウトプット  直接的なアウトカム

→ Intermediate Outcome → Ultimate Outcome
  中間的に発生するアウトカム   最終的に発生するアウトカム
```

図 7.1　プログラム（政策・施策・事業）のロジック[1]

イナスのアウトカムが観察されるかもしれない．総人口はアウトカムとして決定的に重要としても，それを評価指標としてプログラム（群）の成果を的確に測ることは難しい．評価対象プログラム以外の要因が大きく作用するからである．

　評価指標の設定にあたっては，まずプログラムのロジック（論理）を明らかにすることから始めなければならない．プログラムのロジック（プログラムセオリーとも呼ばれる）とは，行政資源の投入から最終目的の実現に至る因果関係といってもよい（図 7.1）．

　たとえば，観光の振興をねらったイベント開催事業のロジックは次のようなものとなろう．ただし，3 種類のアウトカムの区別には絶対的な基準があるわけではない．

　投入：予算や職員労働の投入
　過程・活動：イベントの企画，入札と契約業者の決定，会場等の準備，広報…
　アウトプット：イベントの開催
　直接的アウトカム：観光客の参加・消費
　中間的アウトカム：観光客の満足，リピーター化
　最終的アウトカム：観光産業の振興，知名度・人気アップ，地元住民の満足

　さて，このようなロジックは，図 7.2 に示すように，論理的な順序に従って左から右に連鎖図として描かれることも多い（ロジックモデルと呼ばれる）．評価指標の設定に際しては，インプットから最終アウトカムまでのロジックのどのブロックを測定するのがよいか自覚的に選択し，どのような指標の組合せでプログラムを代表するのかを考え，指標値に影響を及ぼす別のプログラムや外部要因（他の機関のプログラムや内外の社会経済事情など）の存在をあらかじめ把握することで指標と評価対象プログラムとの関係を明確にできる．

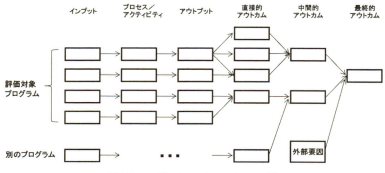

図 7.2　ロジックモデルのイメージ[1]

　なお，ロジックモデルには通常，効率という重要な観点に相当するブロックがないが，アウトカムやアウトプットとしてどのブロックをモニタリングするかが定まれば，その指標値と費用との比が，注目すべき効率指標ということになろう．

　また，ロジックモデルはプログラムの企画・立案段階で描かれるのが本来であるともいえる．指標を設定するためにロジックモデルを描くのではなく，すでに描かれているロジックモデルを踏まえて評価指標を設定するのが望ましい．

妥当性と信頼性

　プログラムの進行状況や結果を評価指標で測定する場合，社会科学一般における測定同様，妥当性（測定すべきものを測定していること）と信頼性（誰がいつ測定しても同じ結果が得られること）が求められる．社会科学では自然科学のように測定対象の事象とデータが密着していないため，つねに測定・データの妥当性・信頼性に留意すべきとされるが，行政・政策の実務における評価は一際そうであり，とりわけ妥当性はすべての前提となる．

　具体例で考えよう．ある自治体で小学校に PC を導入する事業を評価するとして，評価指標の設定・算出の過程が次のとおりであったとする．

　①アウトカム指標として「PC 活用度」を設定→

　②「PC 使用授業時間の割合」と定義→

　③協力校でカウントすることでデータ収集．

この事業のロジックを考えれば，導入した PC の学校現場での活用は重要なアウトカムであるが，教育効果向上，児童の PC リテラシー向上という最終的アウトカムではない．しかし，最終的アウトカムの把握は技術的にもコスト面でも容易な仕事ではないし，この事業以外の要因も影響するだろう．PC 活用度は直接的アウトカムを着実に測ろうというものである．

次に PC 活用度を，PC を使用した時間が全授業時間に占める割合によって算出するとする．これも，「授業で PC を使う」といってもその程度には差があるだろうから（たとえば，PC は 1 人 1 台なのかそれとも何人かで 1 台を使うのか，そもそも教師がプレゼンテーションに使うだけの場合もあるだろうし，児童が時間中ずっと操作する場合もあるだろうなど）時間数を数えてもわかることには限りがあるが，かといって PC を使用する密度の濃淡まで考慮して測るのは容易なことではない．ここまでの段階が妥当性にかかわる．

実際に市内の小学校でどうデータを集めるかであるが，現実的な配慮から，市の調査に協力的な学校で一定期間のみカウントすることとなれば，これが市内全小学校の状況を代表するサンプルとなるか，信頼性の点から心もとないところである．

このように，実際に評価指標を設定・算出する場合，評価目的や評価結果の活用形態などに照らして，またさまざまな制約と闘いながら，妥当性・信頼性の確保が求められる．

7.2.3　評価指標の比べ方
目標値と実績値を比べる

設定した評価指標を使うとは，算出した指標値を何かと比べることである．比べるために指標を使うといってもよい．その比較のなかでも，業績測定型評価において広く行われ，近年ますますその徹底が各所で求められているのが，指標の実績値をあらかじめ定めておいた目標値と比べることである．目標値と実績値を比べることのメリットは 7.1 節でも述べたとおり，プログラムの成果や状況の良し悪しを明確に判断できること，しかもその度合を数量的に把握できることにある．通常多数のプログラムが同時にモニタリングされる業績測定型評価では，指標の目標達成度に基づいてプログラム間の比較も当然行われるはずである．

しかし，少数の数字に基づいて重要な判断をしようとするのであれば，その比

較作業には高度の慎重さが求められる．妥当性を有する評価指標を設定したとして，その指標の目標値を設定し実績値と比べる作業，その目標達成度に基づいてプログラムどうしを比べる作業には，この比較自体の成否を左右する重要なポイントがいくつかある．

1) 目標値の性格と設定根拠

目標値の性格には，少しでも近づけたい理想的な水準，着実に達成することが期待できて一定程度満足できる水準，絶対に達成すべき義務的な水準などさまざまあるはずである．この違いにより，達成度の解釈は当然別のものとなるから（目標値にわずかに届かなかった場合など，目標値の性格によってその評価はまったく異なるものとなろう），目標値の設定にあたっては，その性格を明らかにしておかねばならない．

また，目標値の数字自体の根拠も明らかでなければならない．普及率100％，トラブル発生件数ゼロなどのように，意味が明確な数字を直接設定する場合を除いて，過去の実績や関連データ・情報に基づくのが基本であろう．関係者間の交渉もあるかもしれないが，その根拠は明確にする必要がある．意図的に低い目標値を設定することを防ぐことにもなる．

2) フローとストックの区別

フロー（一定期間に発生する量）を測る指標と，ストック（ある時点に存在する量）を測る指標とは，区別して扱う必要がある．指標値の増減が意味するところがまったく違うからである（アウトプット指標を例にとれば，行政の一定の注力は，フローの一定水準の維持，ストックの一定ペースの継続的上昇につながる）．

フローとストックの概念を拡張して，行政の同じ量の活動が指標値の維持をもたらすのが自然であればフロー的，指標値の一定量の上昇をもたらすのが自然であればストック的とすると，評価で使われる指標はほぼすべてが，どちらかの属性をもつ．たとえばサービスの満足度はフロー的だし，新しいサービスの利用率はストック的だろう．フロー的指標とストック的指標を無造作に比べること（一覧表に並べるのも事実上の比較である）は避けなければならない．

3) 指標値の増減パターンの想定

いま，ある評価指標について，2010年の実績が100であり，その時点で2020年の目標値を500に設定したとする．2015年になって実績が250であった場合，

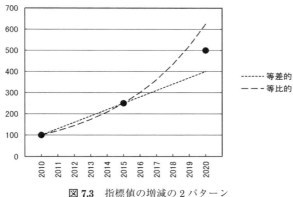

図 7.3 指標値の増減の 2 パターン

このプログラムは目標に向かって順調に進んでいるといえるだろうか．図 7.3 に示すように，グラフ上の直線で表される軌跡（毎年，一定量の増加，すなわち等差的に増加）を想定すれば，順調ではないことになる．一方，もう一つの曲線で表される軌跡（毎年，一定の比率で増加，すなわち等比的に増加）を想定すれば，順調であることになろう．

どちらの増減パターンに従うと考えるのが自然なのか，評価対象プログラムしだいであることはいうまでもない．たとえば予算額にほぼ比例してアウトプット指標が変化するような場合は，当然毎年一定量の増加を想定するのが自然であるし，さまざまな波及過程を経た結果である最終的アウトカムなどは，多くの場合等比的に増加するのが自然であろう．

この区別が必要なのは中間時点の評価に限ったことではなく，過去の実績値の推移をもとに将来の目標値を設定する場合にも，どちらの軌跡を想定するかで設定すべき目標値が大きく変わることはいうまでもない．

4）目標達成度の計算

いま，A と B という二つの指標があって，目標値は 100 と 200，目標年度における実績値が 80 と 140 であったとする（表 7.3）．目標をどの程度達成できたかは，次のように簡単な計算によって数量化し，比較することができる（本節では「期末型の達成度」と呼ぶ）．

A の目標達成度：80÷100×100＝80％

B の目標達成度：140÷200×100＝70％

表 7.3 指標 A と B の実績値・目標値

	実績値	目標値
指標 A（事業 a のアウトカム）	80	100
指標 B（事業 b のアウトカム）	140	200

表 7.4 指標 A と B の初期値・実績値・目標値

	5 年前の初期値	実績値	目標値
指標 A	50	80	100
指標 B	20	140	200

期末型の計算では目標値に近い実績を達成した A の達成度の方が高い．しかし，ここで指標 A と B の 5 年前（目標値の設定時）の水準が 50 と 20 であったとしたら，どうであろうか（表 7.4）．5 年前からこれまで，どれだけ目標に近づいたかという観点から，次のように目標達成度を計算するのもまた自然であろう（本節では「期間型の達成度」と呼ぶ）．

A の目標達成度：$(80-50) \div (100-50) \times 100 = 60\%$
B の目標達成度：$(140-20) \div (200-20) \times 100 = 67\%$

期間型の達成度は，初期値から目標値まで，より大きく近づいた B の方が高いこととなる．一般に，プログラム（評価指標）の目標をどれだけ達成できたのかという観点からは，期末型と期間型の達成度計算について一律どちらが望ましいということはない．

たとえば目標値が最低限達成すべき義務的な値であれば，期首の水準にかかわらず，期末型の達成度をこそ問うべきであろう．一方，理想を掲げた目標値であれば，期首から期末にかけての期間型達成度で，どれだけ理想に近づくことができたかを測るべきだろう．

また，ストック型の評価指標で期末型の達成度を計算する場合は要注意である．たとえば人口について基準時点の 9 万 9 千人から数年後の目標値 10 万人を設定，目標年度の実績値が 9 万 8 千人となった場合，人口対策プログラムの達成度が 98％ といっても，通常は肯けないであろう．期末型の計算はゼロに対する目標値・実績値の大きさに基づくため，毎年度ゼロから発生するわけではないストック指標の期末型達成度がもつ意味は限定的，あるいは曖昧なものとならざる

をえない．

　各プログラム・指標の目標達成度を把握するには，目標とは何か，何に対する達成度を計算すべきかという点をまず明確にする必要があるだろう．多数の指標についてどちらかの計算式で一律目標達成度を計算することは，多くの場合，そのこと自体が問題となる．

5）目標達成度の評定と集計

　目標の達成状況を3段階や5段階に評定する（たとえばA，B，Cの3段階評価など）ことは，結果をわかりやすく要約するために有効な手だてである．目標達成度の値によって階級分けしたり，評価者の判断を加えたり，さまざまな手順で行われる．

　このような評定をする場合，基準が明確であり，プログラム・指標間の比較ができることが求められる．事業や指標ごとに基準が異なったり，基準が曖昧で評価者によって判断が異なったりすれば，プログラム・指標間の比較ができない．

　また，評定の段階別に集計する（数える）ことは，評定結果を相互に比べることと同値であり，互いに比較できること，すなわち同一の基準で評定されていることが前提となる．個々の指標や目標値の性格が異なれば，達成度とその評定の比較は危ういものとなり，評定結果をわかりやすくするための措置が，かえって評価結果の意味を曖昧なものにしてしまう．「わが市の基本計画で掲げている政策目標50本の中間時点での達成状況は，満足すべきA評定（達成率80％以上）が8割以上であり，きわめて良好です」という説明が，まったく根拠を欠く，ほとんど意味のない言説である可能性すらある．

クロスセクションと時系列の比較

　目標値と実績値の比較以外にも，評価指標を活用する場面では，さまざまなクロスセクション・時系列の比較が考えられる．ここでは，比率による地域間比較，時系列変化のプログラム間比較という二つの場面について留意すべきことがらを指摘しておこう．

　個々の指標を団体間・地域間で比較可能にするための便利な方法が，比率の形の共通尺度をつくることである（標準化，基準化と呼ばれることもある）．たとえば「人口千人当たり」という形にして客観的・公平な比較を行うなどである．いうまでもなく，分母にどのような指標を組み合わせるかが重要である．あると

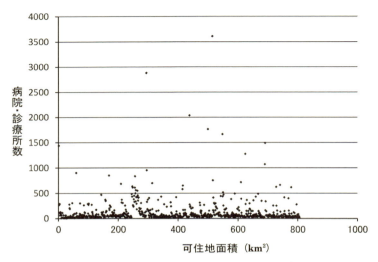

図 7.4　病院・診療所数と可住地面積の関係[2]

ところで，全国の市区の医療水準を比較する指標として「可住地面積当たり病院・診療所数」が使われていた．ところが全国市区の可住地面積と病院・診療所数の関係を散布図に描くと図 7.4 のようになる．病院・診療所数と可住地面積には相関がまったくなく，この比率の意味は曖昧である．一方，昼間人口と病院・診療所数の組合せで散布図を描いたのが図 7.5 である．両者がおおむね比例関係にあり，この組合せで関係比率を作れば意味のある共通尺度が得られることがわかる．可住地面積当たり病院・診療所数という指標では医療環境の比較はまったくできず，可住地人口密度に近い指標をそれと知らずに用いているに等しい．

なお，精密な比較を目指すのであれば，散布図上の関係を直線的にするために変数変換が必要な場合もある．散布図の上で直線的な関係が得られても，まだ安心はできない．その直線が原点を通るとは限らないからである（原点を通らなければ，関係比率で比較をするのは適切でない）．その場合は回帰式の予想値と実績値の差を指標とすればよい（米国では修正業績指標と呼ばれている）[2]．

次に，評価指標の時系列変化をプログラム間で比べる場合を考えよう．いま，指標Aと指標Bがともに過去1年間で10％上昇したとしよう．かりに両方ともフロー指標で，等比的に推移するのが自然であれば，両者は同じだけ上昇したと考えることができそうである．しかし，両指標について，過年度の実績値が揃っ

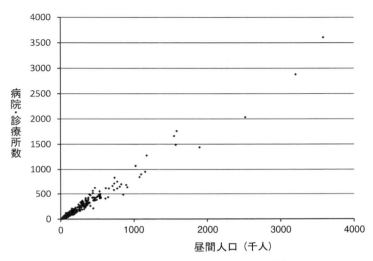

図 7.5 病院・診療所数と昼間人口の関係[2]

ており，精密な比較を行うのであれば，さらに考慮すべきことが二つある．まず，1年前より以前の増減率である．高い増加率が続いた後の 10% 上昇と，低い増加率が続いた後の 10% 上昇とでは，当然意味が異なる．次に，過年度の実績の変動の範囲である．増減率が大きく変動するなかでの 10% 上昇と，増減率が安定的に推移するなかでの 10% 上昇とでは，同じ解釈はできないであろう．これらは社会指標の分野における古くからの難問（さまざまな動きをする多数の指標をどのように総合指標化すべきか）でもある（7.1 節の例 13，例 18 の指標は，この問題に取り組んだ例である）．

7.2.4 評定と評点の数字の取り扱いをめぐって

評定や評点の数字を作り，使う（比べる）際に念頭におくべきことは，比較可能性と尺度の二つである．

比較可能性

なぜ，評定や評点を行うのか，その理由はわかりやすさと比べやすさ（文言よりも数字，さまざまな値をとる指標値や達成率よりもカテゴリーなど）であろう．しかし，いうまでもなく，比べられるのは比べられるものだけである．欧米

> **コラム**　　　　行政・政策の評価と統計のウソ

　行政・政策の評価は，当然のことながら，客観的であることが求められる．数字や統計データは，有効性・効率性などを客観的に把握するために用いられるといってよい．ここでいう客観性とは，個々の主観から独立であること（普遍性）で，同じ事業の同じ状況は，誰が評価しても同じ結果になることが望ましい．

　実は，評価において求められる客観性には，もう一つある．それは，特定の立場にとらわれないこと（不偏性）で，内部評価ではお手盛りになる可能性があるから，外部評価によって客観性を担保する，などといわれる．評価で使われる数字は，この客観性の問題とも無縁ではない．行政・政策の評価で使われる数字の取り扱いには，人間（多くの場合は評価対象の政策・施策・事業を実施する側の人間）がさまざまな形で関与するからである．たとえば，使うデータの選択，業務データの記録，データ収集調査の実施，基礎データの指標への加工，指標値の解釈・分析，などである．

　これら2種類の客観性のいずれか一つ，または両方が損なわれれば，数字を通じて事実でないことや適切でないことが伝えられることになる．すなわち数字・統計のウソである．

　ところで，世の中には，統計とウソの関係についてさまざまな格言がある．イギリスの政治家ディズレイリの言葉からマーク・トウェインが1語を削ったらしい次の警句は，最もポピュラーなものの一つだろう．

　　There are three kinds of lies: lies, damned lies, and statistics.
　　（嘘には三つある．普通の嘘と，真っ赤な嘘と，統計だ．）[4]

　このように，統計の数字はしばしば信用できないとの汚名を着せられる．筆者も，かつて国会で某大臣が，統計の数字と説明のズレを突かれて「統計とはそんなもの」と放言するのをテレビ中継で目撃した．しかし，いうまでもなく，数字に罪はない．こちらもしばしば引用される次の言葉のとおりである．

　　Figures don't lie, but liars figure.
　　（数字はウソをつかない．ウソつきが数字を使うのである．筆者訳）

　行政・政策の評価には本来，数字のウソがあってはならないが，純粋な研究の世界ではないゆえ，ウソが紛れ込む可能性を認識した上で対策を講ずる必要がある．もちろん，評価における数字のウソも，評価を行う人間の側の問題である．評価において数字のウソが発生する（事実でない，適切でない情報が伝わる）過程は，①数字の作成者・提供者が適切でない情報を伝えることを意図ないし自覚しているか否か（多くの場合，不偏性にかかわるだろう）と，②結果の数字自体に問題があるか否か（多くの場合，普遍性にかかわるだろう）という二つの観点から，表の4通りに分類することができる．

7. 評価のものさしを作る

表　数字のウソの発生過程（筆者作成）

意図・自覚	数字自体の問題	分　　類
あり	あり	A　ウソの数字をつくる（架空・作為・捏造）
あり	なし	B　数字を都合よく使う（恣意的利用・隠蔽）
なし	あり	C　数字を図らずも誤って使う（非意図的過誤）
なし	なし	D　数字を独り歩きさせる（補助情報の不足・欠落）

　分類Aは最も深刻だが，評価の世界に皆無ではない．たとえば公共事業の事前評価において客観的な評価をする前に，何としてもその事業を行いたい（しばしば，建設工事によってもたらされる経済効果に期待して）という圧力が強い場合など，費用便益比の便益部分を意図的に過大推計する場合があげられる．分類Bは，数字自体は適正だが，承知の上で適切でない使い方をすることで，改善が読み取れる指標だけを取り上げ，そうでない指標を取り上げないなどはその一例である．分類Cは，図らずもウソをついてしまうものだが，意味の曖昧な比較（たとえばフロー指標の変化とストック指標の変化の無造作な比較）や計算（たとえば順序尺度のデータの平均）などさまざまなケースがありうる．分類Dとしては，補助情報抜きで数字だけが独り歩きし，情報が適切に伝わらない場合が少なくない．標本調査の誤差が明示されないままであったり，実績値を目標値で除した「目標達成率」だけが唯一絶対の評価結果であるかのようになったり，さまざまな事例がある．

　評価に紛れ込む数字のウソを撃退するのに有効な方法の一つは，データの履歴などの補助情報の明示を義務付けることである．分類Dのウソすなわち数字の独り歩きを防ぐだけでなく，外部からのチェックを可能にすることで分類A・Bのウソを，数字について自らチェックすることで分類Cのウソを減らすことができる．日本の行政・政策の評価は，統計データの活用という面で，発展途上にある．統計データの質の向上に向けて，評価を実施する側の努力が求められるのはもちろんだが，評価結果を読む市民の側の役割もまた大きい．

ではリンゴと洋ナシ（あるいはオレンジ）を無造作に比べるな，といういい方がしばしばされる．

　たとえば，プログラムを必要性・有効性・効率の三つの観点から3段階評価し，3〜1の点数を振るとする（自治体の事務事業評価等では，この種の評定が広く行われている）．その際，3段階の評定の基準がまちまちであれば，観点ごとの評定結果を同等のものとして比べることができない．見かけ上，3・2・1と共通の点数があらかじめ振ってあっても，必要性は「必要性が高い」「中程度」

「低い」．有効性は「有効である」「ある程度有効」「有効でない」などと表現が異なれば比べられない．比べられないものを並べるのは危険であり，もちろん合計も計算できない．また，担当者の判断で評定すれば必然的に人によって判断基準の差が生じ，観点別の評定結果であれ合計点であれ，プログラム間で比べるのは無理がある．

尺　度

上の例で，観点別の点数の合計や平均点もしばしば計算されるようである．しかし，これは順序尺度（間隔に明確な意味がない）の数字であって，基準が同一でも無茶である（順序尺度のデータの平均に意味はない）．ただし，たとえば5〜1の点数を示して5段階評価を強調すれば，間隔尺度（間隔に意味がある）の数字として扱うこともできるだろう．その場合もプログラム間の比較は要注意である．

また，目標達成度の数字をカテゴライズして数えることはめずらしくないが，カテゴライズした結果に数字（たとえば5〜1など）を振ったものは順序尺度である．決して全プログラムの平均点を計算したりしてはならない（残念ながらそのような事例も少数ながらある）．平均を計算するのであれば，比較可能な目標達成度から直接計算すればよい．

7.2.5　行政・政策の評価の今後に向けて

行政・政策の評価（業績測定型評価）で使われる一つ一つの評価指標自体は，シンプルな道具に見える．しかし，プログラムを評価するために評価指標を作り，測定した値をさまざまに比べる過程は，実はなかなか複雑である．評価の現場では，日々多くの評価指標が作られ使われているが，本節で述べたような事項は，必ずしも浸透していない．それでも特段の問題が起きていないように見えるのは，評価結果を真剣に活用していないからだとしたら皮肉なことである．しかし，事態は変わらざるをえない．これからの公共部門において評価の役割が増すことは間違いなく，そこで統計データに基づく客観的な分析がますます求められるのも必至だからである．

文　献

1) 小野達也「業績測定型評価のかんどころ―プログラムのロジックと指標の妥当性」『評価クオータリー (行政管理研究センター)』11号, 1-14, 2009年.
2) 小野達也「自治体ベンチマーキングと指標の比較可能性」『日本評価研究』11 (2), 13-30, 2011年.
3) 梅田次郎・小野達也・中泉拓也『行政評価と統計』日本統計協会, 2004年.
4) ハフ『統計でウソをつく法―数式を使わない統計学入門』講談社ブルーバックス, 1968年.

8. 保健・医療の実態を把握し，比較する

●武林　亨

8.1　［事例編］がん死亡は増えているか？：保健・医療の統計指標

8.1.1　二つの死亡率

　現在，日本人の死亡原因の第一位は，よく知られているとおり「がん」である．昭和22（1947）年頃には，結核が第一位であったものが，経済成長に伴う生活環境や栄養状態の改善に医療の進歩が加わって大きく変化し，いわゆる生活習慣病が日本人の健康問題の中心を占めるようになり，1950年代後半から1970年代前半には「脳卒中（脳血管疾患）」が第一位に，そして昭和56（1981）年以降は，がん（悪性新生物）」が第一位となっている．それを図示すると，図8.1のようになる．

　まさに右肩上がりにがん死亡が増えてきている様子がうかがえる．もう1枚，

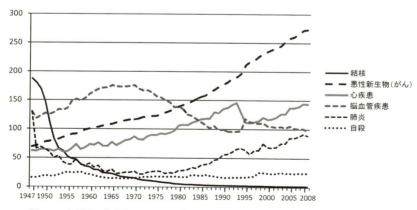

　図 8.1　主要な死因別にみた死亡率の推移，その1（1947〜2009年，1年刻み，人口10万対）（厚生労働統計協会，2014）[1)]

8. 保健・医療の実態を把握し，比較する　　　191

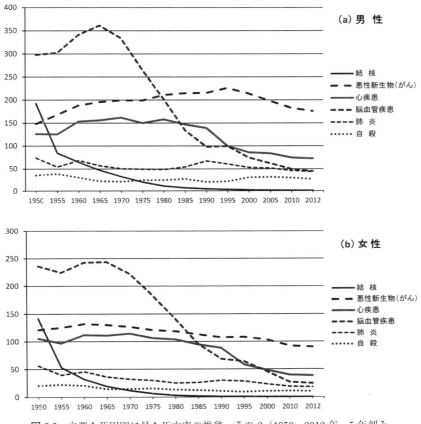

図 8.2　主要な死因別に見た死亡率の推移，その 2（1950〜2012 年，5 年刻み，人口 10 万対）：年齢調整済（厚生労働統計協会，2014）[1]

同じ期間の死亡率を示したグラフを掲げる．男性の死因別死亡率の推移である（図 8.2 (a)）．

　どんな印象であろうか．がんの死亡率が死因順位の第一位であることには変わりがないものの，かなり様子が違っている．2000 年以降はむしろ減少気味である．女性でも，まったく同じ傾向である（図 8.2 (b)）．がん死亡率の減少は，男性よりも早く，1960 年頃から始まっていることがわかる．

　このグラフの意味を正しく理解すること，つまりは 2 枚それぞれでの「死亡率」の違いを理解することは重要である．種明かしをしよう．図 8.1 の死亡率は，その年の疾患別死亡数を同年の人口総数で除して，人口 10 万人あたりで表記し

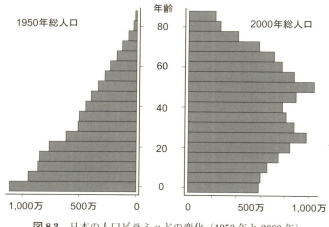

図 8.3 日本の人口ピラミッドの変化（1950年と2000年）

たもの，図 8.2 の死亡率は，年齢の構成が同じになるように調整をしたうえで死亡率を計算したものである．前者を粗死亡率，後者を年齢調整死亡率と呼ぶ．

昭和 25（1950）年と平成 12（2000）年の年齢の構成，すなわち人口ピラミッドを比較したものが図 8.3 である．一目瞭然，平均寿命の伸びとともに社会全体の高齢化が進んでおり，そのことが，がんの死亡率を押し上げる要因となっていることが理解される．多くのがんでは，「加齢」が最大の危険因子（疾患発生の危険性を増す可能性のある要因）なのである．

反対に，医療技術の進歩といった加齢以外の要因が，どのようにがんの死亡率の推移に関与しているかを評価するためには，年齢の影響を取り除いた形で死亡率を比較する必要がある．国の保健医療統計では年齢調整死亡率は，年齢の構成が 1985 年（昭和 60 年）のと同じになるように調整をしたうえで死亡率を計算している．たとえば，がんの死亡率を減少させる手段として，市町村等でがん検診が実施されているが，そのような予防施策が国レベルで効果を挙げることができれば，図 8.2 に示したような年齢調整死亡率の減少として捉えることができるであろう．

8.1.2 どの要因を見るかで選ぶべき指標は変わる

最近，よく使われるようになった「健康格差」という言葉も，これらの指標を用いて視覚化すると興味深い．健康長寿で知られる長野県は，2010 年の都道府

県別粗死亡率[1]（図 8.4（a））では男女とも中位にあるが，年齢調整死亡率[1]（図 8.4（b））ではもっとも低いところに位置する．反対に，粗死亡率では低位にある東京や大阪は，年齢調整後には中位に移動する．高齢化という要因を含めて比較するのか，それとも，年齢以外の要因で比較するのか──「格差」のどの部分に光をあてて比較するのかによって，用いるべき指標を選ぶ必要がある．

さて，話をがんのことに戻そう．多くのがんは，食生活や運動習慣をはじめとするさまざまな生活習慣や，大気環境を含む幅広い環境要因が原因（危険因子）となることが知られている．国立がん研究センターがん予防・検診研究センターを中心とした「科学的根拠に基づく発がん性・がん予防効果の評価とがん予防ガイドライン提言に関する研究」班は，日本人のデータを用いて，それぞれのがんがどのような要因によって発生しているのかを推定し，表 8.1 のようにまとめて

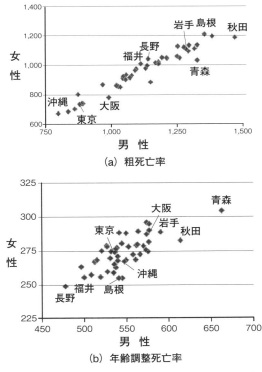

図 8.4 都道府県別の死亡率（2010 年，人口 10 万対）
（厚生労働統計協会，2014）[1]

表 8.1　日本人のがんとリスク要因の関連[2]

リスク要因	リスク要因に関連付けられるがん
喫煙（能動）	口腔と咽頭，食道，胃，結腸直腸，肝臓，すい臓，喉頭，肺，子宮頸部，卵巣，膀胱，腎臓，骨髄性白血病
受動喫煙	肺（非喫煙者）
飲酒	口腔と咽頭，食道，結腸直腸，肝臓，女性の乳房
過体重と肥満	結腸，すい臓，乳房（閉経後），子宮内膜，腎臓
運動不足	結腸，乳房，子宮内膜
野菜不足	食道，胃
果物不足	食道，胃，肺
塩分摂取	胃
感染	
ピロリ菌	胃（非噴門部），胃 MALT リンパ腫
C 型肝炎ウイルス（HCV）	肝臓
B 型肝炎ウイルス（HBV）	肝臓
ヒト・パピローマ・ウイルス（HPV）	口腔，中咽頭，肛門，陰茎，外陰部，膣，子宮頸部
I 型ヒト T 細胞白血病ウイルス（HTLV-I）	成人 T 細胞リンパ腫/白血病（ATL）
エプスタイン・バー・ウイルス（EBV）	鼻咽頭，バーキット・リンパ腫，ホジキン・リンパ腫
外因性ホルモン使用	女性の乳房

いる．

　これは，日本人を対象とした複数のコーホート研究の成果をまとめたものである[3]．疫学研究[4]の手法のひとつであるコーホート研究では，ある人間集団を対象として一定期間追跡することで，病気の原因を明らかにし，また予防方法や治療方法の有効性を明らかにしようとする．こうした研究で対象者一人ひとりから，幅広い情報を得て統計的な分析を行い，原因や予防・治療効果の大きさを定量的に提示することができる．

　このように保健・医療の分野では，既存データを活用することに加え，研究者自身が対象集団や対象者から直接データを取得して，より詳細な分析を行うことが広く行われている．

文　献

1) 厚生労働統計協会『国民衛生の動向 2014/2015』2014 年．
2) 「科学的根拠に基づく発がん性・がん予防効果の評価とがん予防ガイドライン提言に関する研究」班による．http://epi.ncc.go.jp/can_prev/evaluation/2832.html（アクセス日 2014 年 12 月 27 日），一部改変．

3) Inoue M, Sawada N, Matsuda T, Iwasaki M, Sasazuki S, Shimazu T, Shibuya K, Tsugane S. Attributable causes of cancer in Japan in 2005 - systematic assessment to estimate current burden of cancer attributable to known preventable risk factors in Japan. *Ann Oncol*. 2012 May ; 23(5):1362-1369.
4) 疫学についてさらに知りたい方，また，本章で扱う用語についてより深く知りたい方は，たとえば以下のような文献を見られたい．
日本疫学会(監修)『はじめて学ぶやさしい疫学 改訂第2版』南江堂, 2010年
Miquel Porta(編), 日本疫学会(訳)『疫学辞典 第5版』日本公衆衛生協会, 2010年.

8.2 ［解説編］保健・医療統計の基本的な考え方：罹患率，有病率指標から関連性の指標へ

8.1節で見てきたように，保健・医療の現状を把握するために，既存のデータを活用することがその第一歩となる．その基本となる指標は，人口静態（population census）と人口動態（population dynamics）に分類できる（表8.2）．人口統計は統計の基本であると同時に，静態と動態というデータの二つの側面をみるときの基本ともなる．

表 8.2 人口静態指標と人口動態指標

人口静態指標	人口動態指標
一時点における，人口の規模および推移，地域分布，性・年齢等の基本的属性に関する統計	二つの時点間における出生や死亡などに関する統計および転入や転出などに関する移動統計
①総人口 ・人口調査（センサス）：特定地域の人口静態をとらえるために行う統計調査．国勢調査（総務省統計局）は，5年に一度の調査時に常住している者は外国人を含めてすべて調査の対象となる悉皆調査である． ・登録人口調査：住民基本台帳による人口（総務省自治行政局）など．平成24年8月からは，住民基本台帳上の人口に外国人住民数も含まれる． ②年齢別人口 ③将来人口推計 ④世帯数	①人口動態統計 二つの時点間における出生，死亡，婚姻，離婚，死産，特定の疾病の発生等に関する統計． ・人口動態統計（厚生労働省）：人口変動を起こす要素のうち，届出を受理した出生，死亡，婚姻，離婚届について公簿に登録されたものを集計した統計．保健所―都道府県を経由で厚生労働省に報告されたデータによる． ②人口移動統計 二つの時点間における転入や転出など社会的要因による人口移動に関する統計． ・住民基本台帳人口移動報告（総務省統計局）：住民登録法にもとづく1年間の転入，転出者数を集計した統計．住民基本台帳ネットワークをもとに集計．

8.2.1　人口静態

日本全国の総人口は，たとえば総務省統計局サイトを参照すると，以下のように掲載されている．

> **例1**　人口推計
> 平成 25（2013）年 12 月 1 日現在（概算値）
> 総人口：1 億 2,727 万人で，前年同月に比べ減少　▲23 万人（▲0.18％）
> 平成 25（2013）年 7 月 1 日現在（確定値）
> 総人口：1 億 2,733 万 9 千人で，前年同月に比べ減少　▲22 万 3 千人（▲0.17％）
> (http://www.stat.go.jp/data/jinsui/new.htm，2014 年 1 月 1 日アクセス)

この人口推計は，5 年に一度実施される悉皆調査である国勢調査をベースに，毎月の出生・死亡・転入・転出を加減して算出したものである．このデータを経年的につなぐと，平成 17（2005）年に前年比減となって以来ほぼ横ばいであった総人口が，平成 23（2013）年以降は減少に転じたことがわかる（図 8.5）．都道府県別の同様のデータは，各都道府県のホームページに掲載されている．この人口推計値は，ある一時点で切り取った際の人口規模やその特性分布を表すものであることから，人口静態指標の一つに分類される．

人口を年齢別に区分して示せば，たとえば，高齢化の進展あるいは少子化など，人口構造の観点から社会の基本的特徴を示すことが可能となる．

0〜14 歳を年少人口，15〜64 歳を生産年齢人口，65 歳以上を老年人口と定義すると，平成 25 年 7 月 1 日現在（確定値）の年少人口は 1,644 万 5 千人（前年

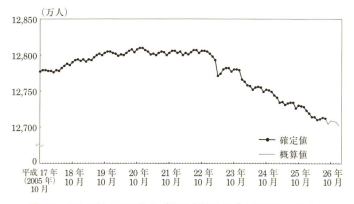

図 8.5　日本の総人口の推移（総務省統計局「人口推計」サイト http://www.stat.go.jp/data/jinsui/new.htm より）

同月比▲15万2千人），生産年齢人口は7,925万9千人（▲123万2千人），老年人口3,163万4千人（＋116万1千人）である．この年齢3区分別人口から，以下のような指標が算出される．

$$年少人口指数 = \frac{年少人口}{生産年齢人口} \times 100$$

$$従属人口指数 = \frac{年少人口＋老年人口}{生産年齢人口} \times 100$$

$$老年人口指数 = \frac{老年人口}{生産年齢人口} \times 100$$

$$老年化指数 = \frac{老年人口}{年少人口} \times 100$$

たとえば老年化指数は，昭和25（1950）年には14.0，つまり65歳以上人口は14歳以下のわずか14％であったものが，平成2（1990）年に66.2，平成12（2000）年119.1となり，平成24（2012）年には186.1と，老年人口が著しく年少人口を上回る構造になり，いわゆる少子高齢社会となっていることが示される．このような構造の変化は，さらに年齢階級別の人口数をグラフ化した人口ピラミッドを描けば，一目瞭然である．

将来人口推計は，国勢調査の結果を基に，人口変動要因である全国の将来の出生，死亡，ならびに国際人口移動について仮定を設け，日本の将来の人口規模，ならびに年齢構成等の人口構造の推移について推計を行ったものであり，国立社会保障・人口問題研究所のサイト[1]から広く公表されている．

8.2.2　人　口　動　態

これらに対し，出生，死亡，婚姻，離婚や死産などは，人口の動きを示す統計値であり，人口動態指標と呼ばれる．事例編で取り上げた死亡率も，典型的な人口動態指標である．ある時間間隔の中での人口の動きを示すことから，分母には時間の概念が含まれることに注意が必要である．その国の保健医療の状態を把握したり比較したりするために広く用いられる人口動態統計の指標とその数値を示す（表 8.3）．

出生の動向は，出生率または合計特殊出生率によって把握される．出生率がある年の人口数（人口動態統計では，通常，10月1日現在の日本人人口を用いる）あたりの出生数の割合であるのに対して，合計特殊出生率は分母が異なる．ある

表 8.3 人口動態統計のおもな指標とその値（平成 23・24 年）[2]

	実　数		率（人口千対）	
	平成 24 年	平成 23 年	平成 24 年	平成 23 年
出　生	1,037,101	1,050,806	8.2	8.3
死　亡	1,256,254	1,253,066	10.0	9.9
乳児死亡	2,298	2,463	2.2	2.3
自然増減	△219,153	△202,260	△1.7	△1.6
死　産	24,804	25,751	23.4	23.9
周産期死亡	4,134	4,315	4.0	4.1
婚　姻	668,788	661,895	5.3	5.2
離　婚	235,394	235,719	1.87	1.87

年の 15 歳から 49 歳までの女性の年齢別出生率を合計したものを期間合計特殊出生率と呼び，平成 24 年は 1.41 であった．期間合計特殊出生率は，母の年齢別出生率（ある年齢の母の出生数／同年齢の人口数，単位：一人あたり）を 15 歳〜49 歳まで加算したものである．一人の女性が一生の間に生む子どもの数に相当し，女子人口の年齢構成の違いを除いた出生率となることから，年次比較，国際比較，地域比較に用いられる．日本では，昭和 45（1970）年には 2.13 であったが，平成 2（1990）年 1.54 と下がり続け，平成 17（2005）年の 1.26 を底にして，やや上昇している．先進国の期間合計特殊出生率（2011 年）は，フランス 2.01，米国 1.89，ドイツ 1.36 であり，国によって出生の状況が異なることがわかる．

なお，実際に一人の女性が一生の間に生む子どもの数は，同一世代生まれの女性の各年齢（15 歳〜49 歳）を過去から積み上げて合算したコーホート合計特殊出生率により求められる．年齢別出生率が世代によって変わらなければ二つの合計特殊出生率は同一になるが，世代によって年齢別出生率が変われば，二つは異なる値となる．

死亡は，総数が年間 125 万人を超え，出生数を大きく上回っていることから，人口減少が続いていることがわかる．死亡率は，年齢による差が大きいため，人口の年齢構成に大きく影響されることはすでに述べた．厚生労働省が公表する保健医療統計では，年齢調整死亡率は，以下のように計算されている[2]．

$$\text{年齢調整死亡率} = \frac{\{\text{観察集団の年齢階級別死亡率} \times \text{年齢階級別基準人口}\} \text{の各年齢階級の総和}}{\text{基準人口の総数（昭和 60 年モデル人口）}} \times 1{,}000 \text{（または } 100{,}000\text{）}$$

表 8.4 基準人口（昭和 60 年のモデル人口）

年齢階級	基準人口	年齢階級	基準人口	年齢階級	基準人口
総数	120,287,000	30〜34 歳	9,130,000	65〜69 歳	4,511,000
0〜4 歳	8,180,000	35〜39 歳	9,289,000	70〜74 歳	3,476,000
5〜9 歳	8,338,000	40〜44 歳	9,400,000	75〜79 歳	2,441,000
10〜14 歳	8,497,000	45〜49 歳	8,651,000	80〜84 歳	1,406,000
15〜19 歳	8,655,000	50〜54 歳	7,616,000	85 歳以上	784,000
20〜24 歳	8,814,000	55〜59 歳	6,581,000		
25〜29 歳	8,972,000	60〜64 歳	5,546,000		

ここで昭和 60 年のモデル人口とは，昭和 60（1985）年国勢調査日本人人口を一定の方法で補正し，四捨五入したものである（表 8.4）．

死亡統計は，死亡診断書のデータに基づいて作成されるが，死因の分類を正確かつ比較可能なように一定のルールに従って行うことが，きわめて重要である．この死因統計の分類は，WHO による「疾病及び関連保健問題の国際統計分類第 10 回修正（International Statistical Classification of Diseases and Related Health Problems, Tenth Revision：ICD-10）」に準拠して作成された「疾病，傷害及び死因分類表」を用いて，コーディングルールを定めて行われている．

平成 24（2012）年の死亡数，（粗）死亡率（人口 10 万対）は，第 1 位：悪性新生物（がん）（36 万 790 人，286.4），第 2 位：心疾患（19 万 8,622 人，157.7），第 3 位：肺炎（12 万 3,818 人，98.3），第 4 位：脳血管疾患（12 万 1,505 人，96.5）であった[2]．

がんの種類別に年齢調整死亡率の動向をみると，胃がんは，男女とも，8.1 節の図 8.2 で見たように，昭和 40 年代から大きく低下している．その理由として，食生活をはじめとする日本人の生活様式の変化や，医療技術の進歩による胃がんの早期発見・治療の効果などがあげられている．一方，大腸がんは，男女とも，昭和 30 年代から上昇して近年は横ばい，肺がんは，男女とも，平成 10（1998）年頃まで大きく上昇し，近年は微減傾向にある．肺がんは，喫煙率の変化が遅れて反映される部分が大きいと考えられる．

8.2.3 罹患と有病：指標の二つの側面

ここまでで，保健・医療に広く用いられる指標には，一定期間の間に新たに発生した健康状態の変化（出生，病気の発症，死亡など）をカウントするものと，

ある一時点に決められた健康状態をもつ者（ある日の患者数など）をカウントするものがあることに気づく．いわばフローを表す数字と，ストックを表す数字の関係にたとえることができる．単に「病気にかかった」を数える場合でも，前者は罹患（incidence），後者は有病（prevalence）と分けて呼ばれる．

罹患の指標のうち，罹患リスクは累積罹患率とも呼ばれ，特定された期間に当該疾病のない集団からの新規の疾病発生確率と定義される．たとえば，対象者が固定された集団（コホート）をフォローアップ（追跡調査）する場合は集団の人数が分母となる指標である．

> **例2** A市の健康な市民1,000人を3年間追跡したところ，追跡期間中に30人の糖尿病患者が発生した．この場合，
>
> $$糖尿病の罹患リスク = \frac{糖尿病の新規発症者数}{観察集団の人数} \times \frac{30}{1,000}$$
>
> となり，糖尿病の罹患（発症）リスクは，人口1,000対30または3％となる．

一方，一定期間にわたる調査では，その間に調査対象となる人口集団に，転居などによる出入りがある場合がある．このとき，分母を，対象者の観察可能期間の総和を用いて計算することができ，これを罹患率と呼ぶ．コーホート研究など長期にわたる調査では，対象者一人を一年間観察できた場合に1人・年と計算することから，この方法による観察人数・期間の算出を人・年（person-year）法とも呼ぶ．

> **例3** B市で，健康な市民の3年間の糖尿病発症調査を行ったところ，初年度は1,000名，転入出によって2年目は1,100名，3年目は900名が観察対象となり，期間中に60人の糖尿病患者が発生した．この場合，
>
> $$糖尿病の罹患率 = \frac{糖尿病の新規発症者数}{観察集団の人・年の総和}$$
>
> $$= \frac{60}{1,000 人\cdot年 + 1,100 人\cdot年 + 900 人\cdot年}$$
>
> $$= \frac{60}{3,000 人\cdot年}$$
>
> となり，糖尿病の罹患率は，1,000人・年あたり20となる．

有病率は，ある一時点に，対象人口のなかで疾病（あるいは特定の健康状態）をもつ者の割合と定義される．

例4 C市において，10月1日に糖尿病患者数の調査を行ったところ，市民10,000人中，400人が糖尿病患者として治療中であった．この場合，

$$糖尿病の有病率 = \frac{糖尿病患者数}{10月1日時点の観察集団の人数} \times \frac{400}{10,000}$$

となり，糖尿病の有病率は，人口1,000対40または4%となる．

なお有病率は，観察を一定期間にわたって実施して患者数をカウントすることも可能なことから，上述の有病率を時点有病率，一定期間にわたって算出するものを期間有病率と呼ぶことがある．

8.2.4 関連性の指標：さまざまな要因を考える

保健，医療分野では，さまざまな要因が疾病に対してどの程度関連しているのかを，定量的に評価することが多い．たとえば，喫煙すると（喫煙しない場合に比べて）何倍がんの罹患リスクが増えるか？とか，都市部と農村部では脳卒中による死亡リスクに何%の差があるのか？といった問いである．さらに，がん検診を受診するとがん死亡率が低下するか？ 新薬Xは従来薬Zに比べて治療効果が高いか？ あるいは，在宅医療を地域で支える仕組みを導入すると，そのサービスを受ける患者のクオリティオブライフが改善するか？といった医療や治療の介入効果に関する問いも同様である．そのような場合，8.1節の事例編の最後でとりあげたように疫学研究によって，対象集団や対象者から詳細なデータを得て，定量的な分析を行うことになる．こうした場合に用いられる関連性の評価指標について紹介する．

(1) 標準化死亡比

異なる集団の死亡率が，どの程度異なっているかを定量的に知るために用いられるのが，標準化死亡比（standardized mortality ratio：SMR）である．先に取り上げた年齢調整死亡率に似たアプローチであるが，標準化死亡比は，基準集団の年齢階級別死亡率を用いて，観察集団の期待（予測）死亡数を求め（分母に相当），実際の観察死亡数（分子に相当）との比を取って算出する．

$$標準化死亡比 = \frac{観察集団の死亡数の各年齢階級の総和}{\{基準集団の年齢階級別死亡率 \times 観察集団の年齢階級別人口\}の各年齢階級の総和}$$

表 8.5 ある集団を 1 年間追跡調査した結果

年齢	観察集団		基準集団
	死亡数	人口 (×100,000)	死亡率 (人口 10 万対)
0〜29 歳		1,000	0.1
30〜59 歳		20,000	9
60 歳以上		50,000	50
計	168	71,000	

例 5 人口 71,000 人の集団で 1 年間の追跡調査を行ったところ, 168 名の死亡を観察した (表 8.5).
この観察集団の死亡リスクは, 基準集団と比較して何倍高いか？
まず, 観察集団における年齢群別期待死亡数を求める. 基準集団の死亡率を観察集団の人口数にあてはめれば, 各年齢層の期待 (予測) 死亡数となる.

  0-29 歳　人口 10 万対　0.1 × 1,000 　(0.01/10 万) ＝ 0.001
  30-59 歳　人口 10 万対　9 ×20,000 　(0.2/10 万) ＝ 1.8
  60 歳以上　人口 10 万対　50 ×50,000 　(0.5/10 万) ＝25

これにより, 標準集団の死亡構造をあてはめた場合の期待死亡数はおよそ 26.8 である.
実際の観察死亡数は 168 であることから, その比を取れば, 標準化死亡比となる.

  観察数(observed number)/期待値(expected number)＝168/26.8＝6.3

以上より, 観察集団の死亡リスクは, 基準集団と比較して 6.3 倍高い.

標準化死亡比は, たとえば, 都道府県内で市区町村別の死亡率を比較したりするときによく用いられ, 二群の死亡率に差がない場合は 1 (あるいは 100 倍して 100) となる. 基準集団は, 比較しようとする集団の中から一つを基準集団に選んでも, 昭和 60 (1985) 年のモデル人口 (表 8.4 参照) のように外部に基準集団を設定してもよい.

(2) 相対危険度と寄与危険度

二つの群の罹患率 (あるいは罹患リスク) の比を取ることで, 二群間の関連性の強さを定量化することができ, 相対危険度 (relative risk) という. また, 二つに率の比を取ることから, 率比 (rate ratio) ともいう. 相対危険度は標準化

死亡比と同じく,観察群(曝露群とも呼ぶ)のリスクが,基準群と比較して何倍大きいかという関連性の強さの指標となる.リスク低減(あるいは予防)効果があれば,相対危険度は1より小さくなる.

$$\text{相対危険度} = \frac{\text{観察群(曝露群)の罹患率または罹患リスク}}{\text{基準群の罹患率または罹患リスク}}$$

二つの群の罹患率(あるいは罹患リスク)の差も,二群間の関連性の大きさについての定量指標となり,寄与危険度(attributable risk;絶対危険度,absolute risk)という.二群間の疾病の発症率や死亡率の差がなければ0になることから,リスクの差の大きさを明らかにすることができる.

$$\text{寄与危険度} = \text{観察群(曝露群)の罹患率または罹患リスク} - \text{基準群の罹患率または罹患リスク}$$

英国で行われた研究で具体例を示そう.喫煙による健康リスクを明らかにするため,34,349人の英国人医師を,1951年から50年間追跡調査した[3].

表8.6は,年齢調整した,男性1,000人,一年あたりの死亡率である.ここから,相対危険度,寄与危険度を容易に計算することができる.肺がんと虚血性心疾患を取り上げる.いずれも,非喫煙者群と比較した喫煙者群の危険度を求める.

肺がん　　　相対危険度 $= \dfrac{2.49}{0.17} = 14.6$

　　　　　　寄与危険度 $= 2.49 - 0.17 = 2.32$

表8.6 英国医師の1年間・男性1000人あたりの死亡率(年齢調整済み,1951〜2001年の追跡調査による)[3]

	死亡総数	非喫煙	禁煙	喫煙	1〜14本/日	15〜24本/日	25本以上/日
肺がん	1,052	0.17	0.68	2.49	1.31	2.33	4.17
口腔〜食道のがん	340	0.09	0.26	0.60	0.36	0.47	1.06
その他のがん	3,893	3.34	3.72	4.69	4.21	4.67	5.38
慢性閉塞性肺疾患	640	0.11	0.64	1.56	1.04	1.41	2.61
虚血性心疾患	7,628	6.19	7.61	10.01	9.10	10.07	11.11
脳血管疾患	3,307	2.75	3.18	4.32	3.76	4.35	5.23
総死亡	25,346	19.38	24.15	35.40	29.34	34.79	45.34

虚血性心疾患　　　相対危険度＝$\dfrac{10.01}{6.19}$＝1.6

寄与危険度＝10.01－6.19＝3.82

　相対危険度を比較すると，肺がん14.6と虚血性心疾患1.6といずれも1を超えており，喫煙者では非喫煙者の14.6倍，肺がんになりやすく，一方，虚血性心疾患は1.6倍なりやすい結果である．よって，肺がんの方が関連性が強いと考えることができる．

　しかし，寄与危険度では，肺がん2.32，虚血性心疾患3.82と，虚血性心疾患の方が値が大きい．これは，1,000人あたり一年あたりに，喫煙が原因で肺がんおよび虚血性心疾患で亡くなった人数であり，集団の中での死亡数のインパクトは，虚血性心疾患の方がやや大きいと解釈できる．公衆衛生政策などを考える際には，こうした寄与危険度も考慮する必要がある．

(3) バイアスと交絡そして無作為化

　健康状態や疾患の発症には，年齢以外にも，数多くの要因がかかわっている．肺がんであれば，喫煙以外にも，居住地域の大気汚染の程度やアスベストへの職業曝露（職業による特殊な労働環境下における曝露）が原因となる．指標の比較を行う際には，こうしたさまざまな要因の分布にも注意する必要がある．たとえば，喫煙の有無と肺がん死亡との関連を検討する際に，喫煙群は都市部在住者から，非喫煙群は郊外部居住者から集めて比較してしまうと，都市部の方が大気汚染の悪化が進んでいるため，算出した相対危険度値の上昇が，喫煙によるものなのか，それとも大気汚染によるものなのかを区別することが難しくなる可能性がある．こうした「交絡」と呼ばれる現象が起こると，得られた結果に偏りが生じることになるので注意が必要である．もし交絡現象が起こった場合や起こりそうな場合には，層化解析や多変量解析などの統計解析によって，一定程度調整して取り除くことが可能である．

　また，喫煙者と非喫煙者を追跡している際に，肺がんの診断を，カルテに記載のある喫煙歴の記録を見ながら行ってしまうと，肺がん疑い症例に直面した際に，喫煙群の方をより肺がんと診断しやすくなる偏りが生じる可能性もある．このような「観察による偏り」も避けなければならない．

　こうした結果を歪める要因をコントロールする目的で，医療や治療の効果判定

を行う介入研究（臨床試験）では，無作為化（randomization）と呼ばれる手法で，研究対象者の振り分けを行って研究を行うことが広く行われている．研究者の恣意が入り込まず，かつ交絡因子の分布が二群間で均等になることを目的に，コンピュータ等で無作為に乱数を発生させて治療方法以外の要因は均等になるように割り付けを行い，群間で治療効果を比較するデザインを，無作為化比較対照試験（randomized controlled trial：RCT）と呼ぶ．

肺がん検診の有効性を検討した研究として有名な Mayo Lung Project は，米国の Mayo Clinic で実施された RCT である[4]．45歳以上で喫煙する男性外来患者で，胸部X線・喀痰細胞診で肺がんの疑いがなく同意を得られた9,211名を，検診群（年3回の喀痰＋胸部X線を6年間）4,618名と対照群（年1回の検診を推奨）4,593名に無作為に振り分けた．最終的に，20.5年間追跡して両群の肺がん死亡率を比較したところ，検診群が4.4/1,000人・年，対照群が3.9/1,000人・年と，検診群の死亡率の方がやや高い結果であった（率比1.13）．このように無作為化を行うことで，研究開始時点で，年齢をはじめとする肺がんの危険因子の分布が両群で均等になるため，追跡で得られた死亡率をシンプルに比較するだけで，検診の効果の有無を判断することが可能となる．

もしこの研究を，「自発的に肺がん検診を受けた人」と「肺がん検診を受けなかった人」の比較で行ったとすると，自発的に検診を受けた人の方が，健康行動がよい可能性や健康知識に詳しく検診へのアクセスがよい可能性があり，両群の比較性が十分ではない可能性が高い．

文　献

1) 厚生労働省サイト　http://www.ipss.go.jp/syoushika/tohkei/Mainmenu.asp，平成26年1月1日現在．
2) 厚生労働統計協会『国民衛生の動向 2014/2015』2014年．
3) Doll R, et al. Mortality in relation to smoking: 50 years' observations on male British doctors. *BMJ* 2004; 328:1519-1528.
4) Marcus PM, Bergstralh EJ, Fagerstrom RM, Williams DE, Fontana R, Taylor WF, Prorck PC. Lung cancer mortality in the Mayo Lung Project: impact of extended follow-up. *J Natl Cancer Inst*. 2000; 92(16):1308-1316.

索　引

ACS　63, 65
AIC　152
Amos　157
ArcGIS　73, 80
ArcMap　73
BIC　152
CAIC　152
CFA　135
CFI　151
e-Stat　38, 55, 91
EFA　135
Esri 社　73, 80
Excel　108
GFI　151
GIS　67
GIS アプリケーション　80, 84
GIS データ　83
Google マップ　76
Google Earth　76
GPS　66
ICD-10　199
ICPSR　65
IPUMS　44, 55, 58
MANDARA　80
OECD　38
OFF-JT　98
OJT　98
PDCA サイクル　163
PIAAC　131
PISA　131
PUMA(s)　50, 61
RCT　205
RDD 方式　31
RMSEA　151
SEM　134, 145, 156
SMR　201
SPSS　80, 109
SSJ　39
SSM 調査　112

TIMSS　131
WebGIS　68, 76
z スコア　15

χ^2 検定　127
　——の結果　124
χ^2 値　151
χ^2 統計量　128

ア　行

アウトカム　164, 165, 176
アウトプット　164, 165
朝日ランダム・デジット・ダイヤリング方式　31

1 次抽出単位　31
1 次データ　54
移動比率法　115
移動平均　121
因果関係　107, 139
因果モデル　134
因子分析　88
インパクト　164, 170, 173

影響関係　111
疫学研究　194
エビデンス　33, 159
円グラフ　9

オーダーメイド集計　53, 56
オッズ　123
オッズ比　123
帯グラフ　10
折れ線グラフ　9
オンライン解説　60
オンラインデータ　57
オンライン分析ツール　62

カ　行

海外データ　43
回帰分析　100
外国人　44
　——の居住地　49
　——の社会経済状況　45
　——の都市居住状況　46
外生変数　139, 148
介入研究　205
格差　111
確認/確証的因子分析　135
攪乱　139
攪乱変数　148
仮説　93, 112
家族　60
家庭責任　98
間隔尺度　5
観察による偏り　204
観測度数　30
観測変数　135, 147
管理職　95
関連性の指標　201

危険率　24
キーコード　82, 85
記述統計　1, 7
規準連関妥当性　7
期待度数　30
希薄化の修正　152
帰無仮説　22
客観性　186
教育訓練　98
行政・政策の評価　163
業績測定(型評価)　172, 175
共分散　138, 149
共分散構造分析　134, 145, 156
寄与危険度　203

索引

空間単位　60
区間推定　19
グラフィカルインタフェース　149
クロス(集計)表　27, 116
　──分析　125
クロスセクション　183

経済センサス　79
係数　104
決定係数　105
健康格差　192
検証可能　93
検証的因子分析　135
検証的データ解析　33, 87

郊外居住　50
公共交通　51
交差積比　124
構成概念妥当性　7
構造変数　148
構造方程式モデリング　134, 145
交絡　204
効率　164, 166
顧客満足度　169
国際数学・理科教育動向調査　131
国際成人力調査　131
国勢調査(日本)　55, 79
国勢調査(米国)　43, 54, 57, 61
誤差　139
誤差相関　138
誤差変数　135, 148
個人内変化　130
個票データ　44, 55, 60
個票データアーカイブ　55, 58
コーホート　113
コーホート研究　194
雇用均等基本調査　95

サ行

最小二乗法　104
最頻値　12
残差　103
散布図　25
サンプル　13, 60
サンプルサイズ　114

ジェンダー格差　91
事業所・企業統計調査　79
時系列　183
悉皆調査　196
実測値　103
質的データ　5
　──の関連性　27
疾病及び関連保健問題の国際統計分類第10回修正　199
質問紙調査　134
死亡率　190
社会階層と社会移動全国調査　112
社会生活基本調査　99
社会の変化　110
尺度　188
重回帰分析　88, 105
就業率　92
集計データ　44, 55
住戸　60
住宅所有　51
住宅・土地統計調査　69
縦断的研究　122
周辺地域　53
出生率　197
順序尺度　5
小地域(単位)　61, 82, 85
情報量基準 BIC　120
人口構造　196
人口静態　196
人口統計　195
人口動態　197
人口ピラミッド　192
新来外国人　41
信頼性　6, 178

推測統計　2
ストック　180
ストリートビュー　76

正規分布　13
政策分析　174
正社員　98
生徒の学習到達度調査　131

正の相関　27
政府統計データ　55
政府統計の総合窓口　38, 55, 77
積率構造分析　157
世帯　60
絶対危険度　203
説明変数　101
全国地価マップ　67
潜在変数　135
全地球測位システム　66

層化解析　204
相関関係　26, 101, 107
操作化　4
相対危険度　202
層別抽出法　31
総務省統計局　69
測定不変性　143
粗死亡率　192

タ行

対数線形モデル　118, 126
代表値　11
多重指標モデル　139
妥当性　6, 178
多変量解析　88, 145, 204
多母集団の同時分析　142
ダミー変数　108
単回帰分析　101
探索的因子分析　135
探索的データ解析　33, 37
単純無作為抽出法　31

中央値　12
中心市　46, 53
中心市居住　50
調査のチカラ　38
地理情報システム　50, 67
賃金　93
　──の水準　95
　──の変化　95
賃金構造基本統計調査　93
適合度(指標)　135, 150
データアーカイブ　39, 113

データアーカイブ研究センター　65
テーブル結合　85
点推定　18

統計 GIS　77, 79
統計ソフト　59, 149
統計的検定　20
統計のウソ　186
統計量　18
等値制約　143
匿名データ　57
独立性の検定　29
都市圏　53

ナ 行

内生変数　139, 148
内容的妥当性　6

2次データ　54
2段抽出　31
人・年法　200

年齢調整死亡率　192, 198

能力開発調査　98

ハ 行

バイアス　204
配置不変性　142
パス図　147
バラツキ　2

反復横断設計　123

ピアソンの適合度統計量　119, 128
比較可能性　185
ヒストグラム　8
非正社員　98
被説明変数　101
評価指標　164, 175
標準化　17
標準化死亡比　201
標準誤差　104
標準得点　15
標準偏差　11
評定／評点　164, 168, 185
費用便益比　171
費用便益分析　164, 174
標本　13
標本誤差　18
標本抽出法　31
比率尺度　5

負の相関　27
フロー　180
プログラム評価　173

平均構造　144
平均値　11
偏差値　17
変数　60, 114
変数間関連　118

棒グラフ　9
保健医療統計　192

母集団　13
母数　18

マ 行

無作為化　205
無作為化比較対照試験　205

名義尺度　4

目標達成度　164, 167, 179, 181
モード　12

ヤ 行

有意水準　24, 104
有意抽出法　32
尤度比統計量　119, 128
有病　200

予測値　103
予測的妥当性　7

ラ 行

罹患　200
罹患リスク　200
率比　202
量的データ　5
臨床試験　205

労働力調査　91
ログリニアモデル　118

編者略歴

久保真人(くぼまこと)

1960年　兵庫県に生まれる
1988年　京都大学大学院文学研究科博士課程中退
現　在　同志社大学政策学部・総合政策科学研究科教授
　　　　博士（文学）
専　攻　組織心理学・産業心理学
著　書　『バーンアウトの心理学』（サイエンス社，2004）
　　　　『感情マネジメントと癒しの心理学』（編集，朝倉書店，2011）
　　　　『介護サービスマネジメント』（共著，ナカニシヤ出版，2013）

社会・政策の統計の見方と活用
──データによる問題解決──

定価はカバーに表示

2015年5月25日　初版第1刷

編　者　久　保　真　人
発行者　朝　倉　邦　造
発行所　株式会社　朝　倉　書　店
　　　　東京都新宿区新小川町6-29
　　　　郵便番号　162-8707
　　　　電　話　03(3260)0141
　　　　F A X　03(3260)0180
　　　　http://www.asakura.co.jp

〈検印省略〉

Ⓒ 2015〈無断複写・転載を禁ず〉　　中央印刷・渡辺製本

ISBN 978-4-254-50021-9　C 3033　　Printed in Japan

JCOPY　＜(社)出版者著作権管理機構 委託出版物＞

本書の無断複写は著作権法上での例外を除き禁じられています．複写される場合は，そのつど事前に，（社）出版者著作権管理機構（電話 03-3513-6969, FAX 03-3513-6979, e-mail: info@jcopy.or.jp）の許諾を得てください．

高橋麻奈著
ここからはじめる 統計学の教科書
12190-2 C3041　　　　A5判 152頁 本体2400円

まったくの初心者へ向けて統計学の基礎を丁寧に解説。図表や数式の意味が一目でわかる。〔内容〕データの分布を調べる／データの「関係」を整理する／確率分布を考える／標本から推定する／仮説が正しいか調べる（検定）／統計を応用する

広経大 前川功一編著　広経大 得津康義・
別府大 河合研一著
経済・経営系のための よくわかる統計学
12197-1 C3341　　　　A5判 176頁 本体2400円

経済系向けに書かれた統計学の入門書。数式だけでは納得しにくい統計理論を模擬実験による具体例でわかりやすく解説。〔内容〕データの整理／確率／正規分布／推定と検定／相関係数と回帰係数／時系列分析／確率・統計の応用

前龍谷大 上田尚一著
統計データの見方・使い方
—探索的データ解析の基礎—
12023-3 C3041　　　　A5判 192頁 本体3500円

予備知識の無い初心者にもわかるよう多くの実例を用いて解説。〔内容〕統計データ比率／指標／構成比と相対比指数と変化率／ストックとフロー／因果関係の表現／データの求め方との関係／比率の解釈／なぜ統計データの見方，表し方を学ぶか

前龍谷大 上田尚一著
講座〈情報をよむ統計学〉5
統計の誤用・活用
12775-1 C3341　　　　A5判 224頁 本体3800円

なぜ，どのように間違えるのか？統計の誤用例・活用法を，データと手法の両面から具体的に解説〔内容〕どこのデータか？／いつのデータか？／比較できる平均，できない平均／比較の仕方を考える／傾向性と個別性／使いようのないデータ／他

前龍谷大 上田尚一著
講座〈情報をよむ統計学〉6
質的データの解析
—調査情報のよみ方—
12776-8 C3341　　　　A5判 216頁 本体3400円

直接，数値で表せない「質的データ」の取扱い方。世論調査や意識調査等の結果のよみ方に役立つ。〔内容〕構成比の比較／特化係数／観察された差の説明／情報量／データ分解／多次元データ解析の考え方／精度と偏り／分析計画とデータの求め方

同志社大 村上征勝著
シリーズ〈データの科学〉5
文化を計る
—文化計量学序説—
12729-4 C3341　　　　A5判 144頁 本体2800円

人々の心の在り様＝文化をデータを用いて数量的に分析・解明する。〔内容〕文化を計る／現象解析のためのデータ／現象理解のためのデータ分析法／文を計る／美を計る（美術と文化, 形態美を計る—浮世絵の分析／色彩美を計る）／古代を計る他

前東洋英和大 林　文・帝京大 山岡和枝著
シリーズ〈データの科学〉2
調査の実際
—不完全なデータから何を読みとるか—
12725-6 C3341　　　　A5判 232頁 本体3500円

良いデータをどう集めるか？不完全なデータから何がわかるか？データの本質を捉える方法を解説〔内容〕〈データの獲得〉どう調査するか／質問票／精度．〈データから情報を読みとる〉データの特性に基づいた解析／データ構造からの情報把握／他

前東女大 杉山明子編著
社会調査の基本
12186-5 C3041　　　　A5判 196頁 本体3400円

サンプリング調査の基本となる考え方を実例に則して具体的かつわかりやすく解説。〔内容〕社会調査の概要／サンプリングの基礎理論と実際／調査方式／調査票の設計／調査実施／調査不能とサンプル精度／集計／推定・検定／分析を報告

数理社会学会監修　小林　盾・金井雅之・
佐藤嘉倫・内藤　準・浜田　宏・武藤正義編
社会学入門
—社会をモデルでよむ—
50020-2 C3036　　　　A5判 168頁 本体2200円

社会学のモデルと概念を社会学の分野ごとに紹介する入門書。「家族：なぜ結婚するのか—人的資本」など，社会学の具体的な問題をモデルと概念で読み解きながら基礎を学ぶ。社会学の歴史を知るためのコラムも充実。

東京成徳大 海保博之監修　同志社大 久保真人編
朝倉実践心理学講座 7
感情マネジメントと癒しの心理学
52687-5 C3311　　　　A5判 192頁 本体3400円

日常における様々な感情経験の統制の具体的課題や実践的対処を取り上げる。〔内容〕I 感情のマネジメント（心の病と健康, 労働と生活, 感情労働）II 心を癒す（音楽, ペット, 皮肉, セルフヘルプグループ, 観光, 笑い, 空間）

上記価格（税別）は 2015 年 4 月現在